O que é ser jornalista

O que é ser jornalista

Memórias profissionais de Ricardo Noblat

5ª EDIÇÃO

EDITORA RECORD
RIO DE JANEIRO • SÃO PAULO
2012

CIP-Brasil. Catalogação-na-fonte
Sindicato Nacional dos Editores de Livros, RJ.

Noblat, Ricardo, 1949-
N669o O que é ser jornalista: memórias profissionais de Ricardo Noblat.
5ª ed. - 5ª ed. - Rio de Janeiro: Record, 2012.
. - (O que é ser —)

ISBN 978-85-01-07128-6

1. Noblat, Ricardo, 1949- - Biografia. 2. Jornalistas - Brasil - Biografia. 3. Jornalismo. I. Título. II. Série.

CDD - 920.5
04-1888 CDU - 929:070

Texto revisado segundo o novo Acordo Ortográfico da Língua Portuguesa.

Capa e projeto gráfico de miolo: Regina Ferraz
Foto de capa: arquivo pessoal

EDITORA RECORD LTDA.
Rua Argentina 171 — Rio de Janeiro, RJ — 20921-380 - Tel.: 2585-2000

Impresso no Brasil

ISBN 978-85-01-07128-6

Agradecimentos

A

Conceição Freitas, que releu os originais e reescreveu para melhor tudo o que foi possível;
Nilza Silva, da sucursal da revista *Veja* em Brasília;
Ana Beatriz Magno;
Ana Luíza Noblat;
Armando Mendes;
Floripes Marinho Falcão e Karla Belchior, do Departamento de Pesquisa do *Jornal do Brasil*;
Gilson Araújo de Souza, do Senado Federal;
José Negreiros;
Maria de Jesus de Melo, do Instituto Dom Hélder Câmara;
Patrícia Noblat;
Sérgio Amaral;
Valda Hilda Rocha do Carmo;
Vanessa Campos, chefe do Departamento de Pesquisa do *Jornal do Commercio*, do Recife.

Dedicatória

Aos que viram juntos um belo sonho:

Alexandre Botão, Ana Beatriz Magno, Ana Clara, Ana Lúcia Moura, Ana Maria Dubeux Costa, Ana Sá, André Garcia, Andrea Cordeiro, Angela Velasco, Antonio Amaro Junior, Antonio Vital, Armando Mendes, Bernardo Scartezini, Carlos Alexandre Silva de Souza, Carlos Marcelo, Carmem Souza, César Henrique Arrais, Chica Magalhães, Cida Barbosa, Claudio Versiani, Claudio de Deus, Conceição Freitas, Cristiana Felippe, Cristina Ávila, Cristhian Lira, Cristine Gentil, Dad Squarisi, Dalila Góes, Dalton Paranaguá, Dante Accioly, Denise Rothenburg, Dimas Ximenes, Erica Montenegro, Eneila Reis, Eumano Silva, Everton Venancio, Felipe Campbell, Fabiano Messias, Fabio Sales, Fabíola Góis, Fabricio Rocha, Felipe de Almeida Bastos, Fernanda Lambach, Fernanda Nardelli, Flávia Diniz, Flávia Duarte, Gabriel Góes, Gilberto Alves, Gilson Araújo, Giovana Perfeito, Guaíra Índia Flor, Graciela Urquiza Mendes, Helio Franco, Itamar Figueiredo, João Bosco, João Rafael Torres, João Luiz Marcondes, João Carlos Rodrigues, João Martins Neto, Jorge Luiz Cardoso, José Augusto Neto, José Carlos Vieira, José Cruz, José Negreiros, Juliana Moreira Lima, Juliana Cézar Nunes, Kacio Pacheco, Kido Guerra, Klecius Henrique, Kleber Sales, Lauro Rutkowski, Leni Reis, Leonardo Cavalcanti, Leonardo Meirelles, Lilian Tahan, Lorenna Rodríguez, Lucas Pádua Barbosa, Luciana Jatobá Lobo, Ludmila Luz, Luiz Alberto Weber, Luis Tajes, Marcelo Ramos, Marcello Xavier, Marco Freitas, Marcos Pinheiro, Marcos Guber, Maria Clarice Dias, Maria Ferri, Maria Vitória, Mariana Santos,

Mariana Moreira, Marina Oliveira, Maurenilson da Silva, Matheus Leitão, Musa Ferreira Vila Nova, Nahima Maciel, Nina Guimarães, Noéli Nobre, Oswaldo Buarim Junior, Paloma Olivetto, Paulo Paniago, Paulo de Araújo, Paola Lima, Patricia Mesquita, Paulo Rossi, Pedro Ribeiro, Pedro Paulo Rezende, Placido Fernandes, Priscilla Borges, Renato Ferraz, Renato Ferreira de Oliveira, Ricardo Borba, Ricardo Cunha Lima, Ricardo Leopoldo, Ricardo Ramos, Roberta Teles, Roberto Fonseca, Roberto Naves, Rodrigo Hilário, Ronia Alves, Rosane Torres, Rovênia Amorim, Rudolfo Lago, Samanta Sallum, Sandro Silveira, Sergio Amaral, Sérgio Maggio, Sérgio de Sá, Sibele Negromonte, Sheila Raposo, Sheila Messerschmidt, Severino José da Paz, Suely Carvalho, Thaís Cieglinski, Talita de Araújo, Thiago Vitale Jayme, Tiago Faria, Tiago Taborda, TT Catalão, Ullisses Campbell, Valda Rocha do Carmo, Valdson Messias, Valeria Blanc, Valéria Velasco, Valéria Feitoza, Verene Wolke e Vicente Nunes.

Sumário

Quando o sonho acabou

> *"Não há esperança de sobrevivência humana sem homens dispostos a dizer o que acontece, e que acontece porque é."* (Hannah Arendt)

Na noite de 17 de setembro de 2002, dez pessoas com diferentes histórias de vida, algumas de tendências políticas opostas e todas com pretensões futuras variadas, se uniram com o objetivo de preservar a linha editorial independente de um dos mais importantes jornais do país — o *Correio Braziliense*. De um modo ou de outro, a maioria delas já havia sido alvo de críticas do jornal, nem sempre justas.

A primeira a se mexer foi o senador José Sarney, do PMDB, ex-presidente da República. A ele, seguiram-se:

- Marco Maciel, então vice-presidente da República;
- Nelson Jobim, presidente do Tribunal Superior Eleitoral (TSE);
- Fernando Neves, ministro do TSE;
- Sepúlveda Pertence, ministro do Supremo Tribunal Federal (STF);
- Marcos Vilaça, ministro do Tribunal de Contas da União;
- Cristovam Buarque, ex-governador do Distrito Federal e candidato ao Senado pelo PT;
- Sigmaringa Seixas, advogado e candidato a deputado federal pelo PT;
- José Roberto Arruda, ex-senador do PSDB e candidato a deputado federal pelo PFL;
- e Marco Aurélio de Melo, presidente do STF.

O que provocou a ação dessa gente foi um programa de televisão dos partidos que apoiavam a reeleição do governador do Distrito Federal, Joaquim Roriz, do PMDB. O horário gratuito de propaganda reservado a aspirantes à Câmara dos Deputados acabara de ser preenchido com o mais violento e jamais registrado ataque contra um jornal e sua direção.

Durante nove minutos, o *Correio* foi acusado de mentir para favorecer os candidatos do PT. Paulo Cabral de Araújo, presidente do jornal, e eu, diretor de redação, fomos apontados como responsáveis pelo desvio de R$ 172 milhões de um precatório no valor de R$ 220 milhões pago pela União ao Grupo Associados, dono do *Correio*, de mais 12 jornais, seis emissoras de TV e 13 de rádio.

O programa não poupou nem mesmo minha mulher, Rebeca, dona de uma empresa de assessoria de imprensa. Sem apresentar provas, um locutor em *off* disse que ela encomendava reportagens a jornalistas do *Correio* para beneficiar seus clientes. E que, à custa do jornal dirigido pelo marido, conseguira fechar alguns dos seus muitos contratos milionários.

Eu acabara de chegar a Brasília quando o programa entrou no ar. Participara naquele dia, no Rio de Janeiro, de uma reunião do Condomínio criado em 1959 por Assis Chateaubriand para gerir o que fora até o início dos anos 60 um dos seis maiores grupos de comunicação do mundo. Fundado por ele, o grupo reunira no seu apogeu 36 jornais, 18 revistas, 25 estações de rádio e 19 de televisão.

Chateaubriand teve uma relação acidentada com seus três filhos, Gilberto, Fernando e Teresa. Por isso, preferiu deixar os Associados para 23 antigos funcionários escolhidos por ele. Os 23 se tornaram donos da maioria das ações do grupo, divididas em partes iguais. A esse tipo de direção colegiada, figura jurídica singular na história do Direito brasileiro, deu-se o nome de Condomínio.

Diz o regulamento do Condomínio que um condômino é dono de sua cota de ações até que morra ou renuncie a ela. Em caso de morte, os herdeiros recebem o valor da cota em dinheiro e ela é devolvida ao Condomínio, que então elege um novo condômino entre os funcionários do grupo. Indicado por Cabral, também presidente do Condomínio, eu fora eleito em 1999 para suceder a João Calmon.

Na ocasião, imaginei que havia tirado a sorte grande. Sem desembolsar um tostão, eu me tornara um dos donos dos Associados. Ganhara estabilidade no emprego. Passaria a receber dividendo. Não contava com a hipótese de Cabral vir a ser forçado um dia a renunciar à presidência do Condomínio e à do *Correio*. E de eu sair do jornal solidário com ele e acabar expulso do Condomínio.

Olhando a história pelo retrovisor, digo que o programa de televisão do PMDB só antecipou o que aconteceria mais adiante. Condôminos de Minas Gerais queriam há muito tempo derrubar Cabral. Naquela noite, a intervenção de ilustres figuras da República garantiu ao *Correio* quase dois meses a mais de independência editorial — e a Cabral e a mim, uma queda mais digna.

Poderia ter sido pior.

A primeira reação de Cabral ao programa me assustou. Ele estava em um apartamento do Hotel Glória, no Rio, quando lhe telefonei e contei o que acabara de ocorrer.

— Noblat, você sabe por que fomos alvos de tantos insultos, não sabe? Por causa da linha editorial do *Correio* — ele disse com a voz alterada.

— Eu sei, Dr. Paulo, mas não foi a primeira vez nem será a última que Roriz nos agride. Ele tem feito tudo para intimidar o jornal.

— Eu também sei disso, Noblat.

— Lembra que ele pregou publicamente o boicote à leitura do jornal? Que já atacou o senhor e a mim no *Jornal de Brasília*?

— Noblat, ouça... Isso não pode continuar assim...

— Isso o quê, Dr. Paulo?

— Eu ia viajar amanhã para Natal. Não vou mais. Vamos nos reunir amanhã às 11h na minha sala para rediscutir a linha editorial do *Correio*.

— Não temos por que rediscutir, Dr. Paulo. Foi essa linha que tornou o jornal respeitado e que aumentou suas vendas.

— Minha honra nunca foi atacada desse jeito, Noblat. A imagem do jornal também não. Temos que pôr um ponto final nisso.

— O senhor acha que o ponto final será mudar a linha do jornal?

— Amanhã discutiremos todas essas coisas. Boa-noite.

Até 1993, o *Correio* fora um jornal "chapa branca" e venal. Apoiou o regime militar de 1964 e todos os governos locais. Sonegou notícias que pudessem contrariar interesses de grupos econômicos. E até mesmo recebeu dinheiro por fora para publicar editoriais sob encomenda. Roriz, que em 2002 governava o Distrito Federal pela terceira vez, sempre teve o jornal como um dócil aliado.

Foi Cabral quem começou a mudar aos poucos a linha editorial do *Correio* ao assumir sua presidência em 1990. Dali a três anos, ao constatar um espantoso aumento nas vendas de jornais de fora no mercado antes cativo do *Correio*, Cabral concluiu que a mudança deveria ser conduzida de maneira mais rápida. E assim se fez sob a sua orientação, monitoramento constante e apoio irrestrito.

Assumi a direção de redação do jornal em fevereiro de 1994. Ele era o 17º jornal em vendas entre os 41 auditados no país pelo Instituto Verificador de Circulação. Saltou para o 10º lugar em março de 2002, se levados em conta os mesmos 41 jornais. Entre eles, foi o oitavo jornal que mais cresceu no período. Aumentou sua circulação paga em 64%. E ganhou 168 prêmios de jornalismo.

Posso oferecer várias razões para justificar desempenho tão positivo — mas, ao cabo, elas se resumem numa só: o *Correio* passou a fazer jornalismo independente e crítico. Porque não basta a um jornal ser independente. Os leitores esperam que ele sirva à comunidade onde circula atuando como um implacável fiscal dos atos dos poderes público e privado.

Certa vez, em entrevista a um programa de televisão, Cabral definiu assim a nova postura do *Correio*:

— Aos que sempre foram considerados amigos do jornal, eu digo agora: comportem-se bem. Porque, se não se comportarem, o jornal não os poupará.

Não poupou Luiz Estêvão de Oliveira, dono da empresa que construiu o prédio do jornal. Eleito senador em 1998, ele foi cassado porque se envolveu com o desvio de dinheiro para a construção do prédio do Fórum da Justiça do Trabalho, em São Paulo. O *Correio* ganhou o Prêmio Esso de Jornalismo em 2000 com a série de reportagens que publicou a respeito do episódio.

O jornal não poupou Cristovam Buarque, eleito governador em 1994. Bateu tanto nele nos seus três primeiros anos de governo que o então presidente nacional do PT, José Dirceu, disse que o *Correio* praticava "jornalismo marrom" e sugeriu a Cristovam "comprá-lo". No caso, quis dizer que o jornal era subornável. O *Correio* publicou as declarações dele e respondeu a elas por meio de um editorial.

Naturalmente, o jornal também não poupou Roriz. E por ter denunciado o que houve de irregular no governo dele, ganhou um adversário disposto a tudo. Para retaliar, Roriz reduziu ao mínimo a verba de publicidade oficial destinada ao *Correio*, mandou que seus auxiliares sonegassem notícias ao jornal e passou a utilizar o *Jornal de Brasília* para se defender e atacar. Deu-se bem.

Dois meses antes das eleições de 2002, Roriz estava pronto para ganhar com folga um novo mandato. Mas acabou atropelado por mais um escândalo em torno da ocupação ilegal de terras, e viu desaparecer em poucas semanas seu largo favoritismo. Correligionários dele denunciaram o escândalo. Roriz pôs a culpa no *Correio*, que o divulgou, e resolveu atacá-lo de uma forma como nunca fizera.

Embora achasse que a reação de Cabral ao programa do PMDB se devia apenas a um surto de raiva momentâneo, eu me preparei para dormir pensando no que faria caso a linha editorial do jornal mudasse. Pouco depois das 23 horas, Cabral me telefonou.

— O programa deve ter alcançado muita repercussão...

— Alcançou sim, Dr. Paulo. O telefone da redação não parou mais de tocar, com leitores prestando solidariedade ao jornal.

— Sabe quem telefonou para dizer que eu me mantivesse firme? Sarney.

— O presidente Sarney?

— Ele mesmo. E depois me telefonou o Marco Maciel, dizendo a mesma coisa...

— Que bom!

— Vilaça também telefonou. É... Amanhã conversaremos. Vá dormir.

Não fui. Não conseguiria dormir direito naquela noite.

Pouco antes da uma hora da manhã, Cabral voltou a me ligar.

— O Jobim e o Fernando Neves telefonaram para me dar um abraço. Pertence, Arruda, Sigmaringa e Cristovam também. Disseram que o *Correio* não pode recuar.

— Está vendo, Dr. Paulo? Seu jornal é mais importante do que o senhor imagina...

— É, mas é muito chato ficarmos expostos como nós estamos...

Às 11 horas em ponto, entrei com cara de sono no gabinete de Cabral, situado no terceiro andar do prédio do *Correio*, no Setor de Indústrias Gráficas de Brasília. Ele estava com bom aspecto e me pareceu alegre.

— Sabe quem acaba de me telefonar, meu filho? O Marco Aurélio.

— Quem?

— O presidente do Supremo Tribunal Federal. Foi muito atencioso comigo e disse que não devemos nos abater.

— Eu também acho.

Cabral não falou mais em repensar a linha editorial do *Correio*. Pelo contrário. Encomendou-me um editorial agressivo, para ser publicado no dia seguinte, acusando o governador de tentar uma vez mais cercear a liberdade de imprensa no Distrito Federal. E orientou o departamento jurídico da empresa a pedir à Justiça direito de resposta ao programa do PMDB.

Roriz mandou repetir o programa naquele mesmo dia. E, no programa do dia seguinte, divulgou carta do vice-presidente do *Correio*, Ari Cunha, remetida a todos os condôminos em maio de 2002. Nela, Ari dizia que eu pusera o jornal a serviço da empresa da minha mulher. Amigo de Roriz, ele discordava abertamente da nova linha editorial do *Correio* e conspirava com outros condôminos para mudá-la.

Em carta aos condôminos, eu já respondera a Ari. Desafiara-o a provar o que dissera e o acusara de ter escrito uma carta para ser usada contra mim na próxima campanha eleitoral pelos insatisfeitos com a linha do *Correio*. Ari calou-se em maio. Voltou à ofensiva em setembro, entregando a Roriz cópia de sua carta. Aconteceu, pois, o que eu previra e o que Cabral achava improvável.

A reação de Cabral ao serviço prestado por Ari a Roriz foi fulminante. Ditou uma nota, a ser publicada na capa do jornal no dia seguinte, me defendendo e anunciando que convocaria uma assembleia de acionistas do *Correio* para destituir Ari da vice-presidência. E autorizou que a nota fosse logo veiculada no *site* do jornal. Avisados por Ari, alguns condôminos tentaram abortar a nota. Em vão.

A Justiça concedeu a mim, a Cabral e a Rebeca 15 direitos de resposta aos três programas do PMDB. Um desses direitos, de seis minutos, foi usado pelo próprio Cabral. Sentado em um banco alto, apenas com um feixe de luz a iluminar-lhe o rosto e os cabelos brancos, Cabral falou olhando diretamente para a câmera. Gravou o que tinha a dizer uma única vez. O que disse foi ao ar sem cortes.

Defendeu o jornal com veemência. E sem mencionar o nome de Roriz, atacou-o:

> "Com a experiência de 80 anos de vida e mais de 60 de trabalho, permito-me lembrar a todos: nem o *Correio* nem Brasília são quintais dos palácios que hospedam tempora-

riamente os governantes. Tampouco o Distrito Federal é uma fazenda do cerrado que deva ser comandada por coronéis e capatazes mais afeitos ao chicote do que às regras e aos limites impostos pela democracia e pela Constituição.

Os que pensam assim julgam-se no direito de se comportar como se fossem donos da cidade. E de tratar cidadãos e instituições republicanas como se fossem seus vassalos. Impedem a emancipação dos pobres para se apresentar como seus salvadores. Oprimem para posarem como defensores dos oprimidos. Humilham em troca de esmolas para os humilhados.

O *Correio Braziliense* e seus jornalistas não serão destruídos. Não serão intimidados. Não se vergarão diante de ameaças e fanfarronices. Trabalhei sob ditaduras. Vivi períodos democráticos. Conheci ditadores e governantes extraordinários. Não cheguei até aqui para ser desrespeitado, intimidado ou calado por gente sem currículo, mas com prontuário.

Nós, no *Correio Braziliense*, seguimos à risca a definição precisa e universal sobre o papel da imprensa na sociedade. A imprensa existe para satisfazer os aflitos e afligir os satisfeitos. É o que continuaremos a fazer."

Não continuamos.

Menos de 40 dias depois, Cabral e eu estávamos fora do jornal — ele, forçado por uma moção de desconfiança assinada por 13 dos 18 membros do Condomínio (havia cinco vagas), e eu, em solidariedade a ele. Cabral foi substituído na presidência do Condomínio por um condômino mineiro — Edison Zenóbio. E, na presidência do *Correio*, por outro também mineiro — Álvaro Teixeira da Costa.

Em relação a Roriz, reeleito no segundo turno com uma vantagem microscópica de votos, a mudança na linha editorial do *Correio* foi imediata e sem disfarce. O jornal simplesmente voltou a apoiá-lo. Em troca, Roriz retribuiria o apoio no ano seguinte, entupindo os cofres do jornal com dinheiro de publicidade.

O governo do Distrito Federal gastou com publicidade em 2003 a bagatela de R$ 68 milhões – 41% a mais do que em 2002 e o dobro do que gastou o governo de São Paulo.

O papa morreu. Ainda bem!

Nada caiu de graça no meu colo em quase 40 anos de jornalismo.

Na maioria das vezes, tive que meter o pé na porta para ingressar na festa.

Fui dirigir a redação do *Correio Braziliense* em 1994 porque me ofereci para ir. A meu pedido, amigos do presidente do jornal o convenceram a me convidar.

Em dezembro de 1981, eu mesmo convenci o jornalista João Batista Lemos a me levar para Brasília. Lemos chefiava a redação do *Jornal do Brasil* em São Paulo e eu era editor assistente da *Veja*. Ele fora promovido a diretor da sucursal do jornal em Brasília.

Sequer o conhecia. Quem o conhecia era Rebeca. Mas acabei indo com ele para chefiar a redação.

Virei repórter da *Veja* no Recife em 1977 porque forcei a mão.

Havia ali uma vaga de repórter com salário de 11 mil cruzeiros. Eu ganhava 15 mil como chefe de redação da sucursal da revista *Manchete*.

De tanto insistir, ganhei a vaga.

Tive que enganar Gilvan, meu pai, para ser jornalista.

Papai queria que eu fosse alguém na vida. Talvez químico e pianista como ele. Não via futuro no jornalismo. Obrigou-me a fazer o curso científico no Colégio Salesiano do Recife. Para ser jornalista, eu deveria fazer o curso clássico.

O científico e o clássico equivalem ao segundo grau de hoje. O científico era procurado por quem pretendesse fazer carreira na área de ciências exatas. O clássico, por quem preferisse a área de ciências humanas.

Sempre fui bom aluno de português, francês, história em geral, geografia e religião. E um péssimo aluno de matemática. O padre Arnóbio de Melo, professor de português nos quatro anos de curso ginasial do Salesiano, me levava de sala em sala de aula para conjugar verbos em voz alta. E servir de exemplo para os colegas.

Descobri, logo nos primeiros meses do curso científico, que repetiria o ano se fosse reprovado em matemática, física, química e biologia. Mas que poderia ser promovido ao segundo ano do curso clássico, em que não havia tais matérias. Então deixei de fazer as provas de matemática, química, física e biologia. Venci a oposição do meu pai ameaçando-lhe o bolso.

No fim daquele ano, para não perder o dinheiro que gastara comigo, ele concordou, contrariado, em me matricular no curso clássico. Saí do Salesiano para o Colégio Nóbrega. E antes mesmo de concluir o clássico em 1967 e entrar na universidade no ano seguinte, já era repórter da sucursal do *JB*.

Devo ao meu avô paterno, Eurico, a atração pelo jornalismo. E ao meu tio João Borba, o gosto precoce pela leitura de bons livros.

Meu avô foi linotipista do *Diário de Pernambuco* durante 53 anos. Eu ainda usava calças curtas quando o visitei pela primeira vez nas oficinas do jornal. As linotipos eram máquinas enormes aquecidas a gasolina e a gás encanado. O ambiente, escuro e abafado. Os linotipistas sempre estavam sem camisa. E tomavam um copo de leite a cada três ou quatro horas para se livrar dos efeitos nocivos do chumbo.

Encantavam-me as histórias dos anos de chumbo do meu avô. Ele tinha um irmão, Vicente, também linotipista. E era filho de Jacinto, um gráfico que tocava barítono. O avô do meu avô era francês e craque no piano, na clarineta e no realejo.

Recife promoveu uma festa e tanto, em 1922, para recepcionar os aviadores portugueses Gago Coutinho e Sacadura Cabral, os primeiros a cruzarem o Atlântico pilotando um hidroavião. Sabe quem compôs em tipos gráficos a aventura deles? Meu avô.

Quando irrompeu a Revolução de 1930, que pôs Getúlio Vargas no poder por 15 anos consecutivos, meu avô ficou retido durante uma semana no prédio do jornal. Havia tiroteio no centro do Recife. Se fosse para casa, talvez não conseguisse voltar ao jornal. E, para circular, o jornal não podia prescindir dele e dos demais linotipistas.

A rebelião dos paulistas contra Getúlio pode ter sido o fato mais importante de 1932 para os paulistas, para Getúlio e boa parte do país — mas, pelo menos no Recife, o fato mais importante foi outro. Recife ficou bestificado com a chegada ao pequeno Campo do Jiquiá do imponente dirigível alemão *Zepelim*.

Quem dedilhou a história do pouso daquele gigantesco "pássaro prateado"? Quem foi? Diga lá... Meu avô, é claro.

E quanto à morte do estudante Demócrito de Souza Filho em uma das sacadas do prédio do *Diário* no dia 3 de março de 1945? Se você já leu algum bom livro sobre história do Brasil, deve ter ouvido falar dela.

Pois bem: meu avô a testemunhou da praça defronte ao prédio do jornal. Vestia terno de brim AHJ e usava um elegante chapéu-panamá. Calçava sapatos comprados na loja Bota Maravilhosa, ali pertinho. E era dono de um afinado piano alemão pago à prestação com dinheiro emprestado pelo jornal.

Demócrito foi atingido por uma bala quando discursava contra a ditadura do "Estado Novo" de Getúlio Vargas. O sociólogo Gilberto Freyre estava ao lado dele.

Ao mesmo tempo me empurrava, sem saber, para o jornalismo, meu avô nunca se cansava de repetir o que não era verdade na sua época e não é hoje: "Só existem dois tipos de jornalistas: o venal e o honesto. O venal fica rico. O honesto vive sendo demitido e morre pobre."

O rico da família era tio João Borba, casado com Iracema, irmã de minha mãe. Sem acesso à biblioteca de tio Borba, que era engenheiro, eu talvez não tivesse sido jornalista.

Na casa dos meus pais não havia livros — salvo uns poucos de química e de contabilidade. Minha mãe, Eunice, era contadora e funcionária da Secretaria da Fazenda de Pernambuco. Não se opôs à ideia de eu ser jornalista. Ela jamais se opôs a qualquer pretensão dos filhos.

O primeiro romance que li foi *Iracema*, de José de Alencar. Depois não parei mais de ler. Tio Borba me oferecia um livro atrás do outro.

Ler e ler muito foi a maneira que encontrei de me sobressair entre primos e colegas de colégio. Eu era meio tímido e ainda por cima pensava em ser padre. Ou admitia vir a ser padre para obter favores de uma tia carola. Eles jogavam pião, bola de gude e futebol melhor do que eu. Fui apenas um esforçado ponta-direita que corria o campo todo.

Em compensação, por ler muito eu sabia mais do que eles. E me sentia capaz de discorrer sobre qualquer assunto. (Jornalista pensa que entende de tudo. Na maioria das vezes, não entende. É especialista em generalidades.)

No segundo ano do curso clássico, fui elogiado pelo professor de literatura portuguesa por ter apresentado um trabalho comparando a obra de José de Alencar com a do filósofo existencialista francês Jean-Paul Sartre!

Cascata pura!

Antes dos 18 anos tinha lido todos os livros de Sartre publicados no Brasil. Mas só conseguira entender um deles — *O muro*. Ainda assim porque era um livro de contos.

Tive um bando de tias velhas, irmãs de minha mãe, que admiravam o sobrinho dado a varar as madrugadas na companhia dos livros. Elas sempre me fizeram as vontades. Foram jovens um dia. Mas só me lembro delas como pessoas idosas.

Na adolescência, eu me dividia entre a casa dos meus pais, onde imperava uma completa bagunça, e a casa de quatro tias solteironas — Sunila, Adelvina, Noêmia e Zezinha. Ali havia organização de sobra. As refeições tinham hora marcada. Os objetos repousavam impecavelmente limpos em seus respectivos lugares. Falava-se baixo e respeitavam-se os bons modos.

Destaque-se, a bem da verdade, que Sunila era a única das tias que não me satisfazia todas as vontades — nem as de nenhum sobrinho. Jogava duro com todos.

Quando ela queria me agradar, o que era raro, primeiro me repreendia com ou sem razão. Depois dizia como se ditasse uma ordem:

— Sim..., a porcaria do seu pudim está no refrigerador. Se quiser, vá lá comer que eu tenho mais o que fazer.

Não só por seus maus modos tia Sunila impunha medo e respeito aos que conviviam com ela, mas principalmente por sua extensa folha corrida de altivez e coragem, digamos assim. Ela foi o segundo dos 17 filhos de minha avó Chiquinha. No interior do Rio Grande do Norte, onde a família vivera durante muitos anos, pegara em armas e trocara tiros com cangaceiros para defender a fazenda do pai, que era empreiteiro de pequenas obras públicas.

Com menos de um ano de casada, deu uma surra no marido que a traíra, despachou-o para o exílio forçado na Paraíba e em seguida foi ao cartório da cidade. Saiu de lá com a certidão forjada de óbito do marido e a condição oficial de viúva.

Desde então, e até a sua morte, foi tratada por parentes, amigos e desconhecidos como a viúva Marciolina de Medeiros Delgado, mulher de autoridade inquestionável. Lambeu selo por mais de 35 anos como funcionária dos Correios e Telégrafos. Seu mau humor talvez derivasse disso.

A história de tia Sunila fez muito sucesso quando a contei, em novembro de 2002, no programa do Jô Soares. Nas semanas seguintes, aonde quer que chegasse, as pessoas me pediam para falar mais de tia Sunila.

Ocorre — e aproveito a ocasião para confessar — que errei o nome do ex-marido de tia Sunila.

Mal terminou o programa, tocou o telefone lá de casa. Era tia Noêmia. E estava indignada. "Meu filho", disse-me ela, "como é que você vai ao Jô, logo ao Jô, que não respeita ninguém, e conta segredos de família?..." Porque a surra dada por tia Sunila no marido e sua falsa condição de viúva sempre foram tidos como "segredos de família" entre os Medeiros Delgado.

Sou Noblat por parte de pai. Noblat, segundo meu avô, era o nome de dois missionários franceses que desembarcaram no Brasil em algum ano do século XIX. Um deles se mandou para o Pará e não deixou rastro. O outro teve a sabedoria de se fixar na Bahia, encantar-se por uma negra e fazer-lhe uma penca de filhos.

O Delgado que carrego no nome é uma herança materna.

Pois não é que tia Noêmia me acusou, sem meias-palavras, de ter manchado a reputação dos Delgado em rede nacional de televisão? E com um sério agravante: eu identificara errado o marido de tia Sunila.

O marido assassinado em cartório por tia Sunila não se chamava Ornilo como eu havia dito ao Jô. Repeti o nome diversas vezes: Ornilo. Afinal, além de sonoro, Ornilo não é um nome comum. Aposto que ninguém conheceu um Ornilo na vida. Que ninguém tem um parente chamado Ornilo. E que ninguém pensa em batizar um filho com o nome de Ornilo.

Ornilo é um nome marcante, singular, único, exclusivo, uma espécie de grife... E, no entanto, o marido de tia Sunila não atendia pelo nome de Ornilo. Ele se chamava Manu. Isso mesmo: Manu. E, convenhamos, Manu também é um belo nome.

"Ornilo era o nome do marido de sua tia Maria", me lembrou tia Noêmia. "E Maria nunca bateu em Ornilo. Nem Ornilo bateu nela. Eles viveram em paz e tiveram quatro lindos filhos." Os filhos de Ornilo jamais me perdoariam, disse-me ela. Daí o "erramos" que faço aqui.

Os Medeiros Delgado são numerosos e estão por toda parte. Os Noblat, não. Há uns na Bahia, outros em Alagoas, outros ainda no Rio, eu sou Noblat de Pernambuco, e devem existir mais alguns perdidos por aí.

O mais ilustre Noblat, Leonard, é santo oficial da Igreja Católica e protetor das mulheres grávidas e dos prisioneiros. Em sua memória foram erguidas na Europa 16 igrejas.

Nasceu na Gália ao tempo do imperador Anastácio, por volta do ano 491 ou 518. Era de família nobre e protegida pelo rei Clovis, o grande chefe dos francos. Fundou um monastério a pouca distância da atual cidade de Limoges, famosa por sua porcelana. E em torno do monastério nasceu um povoado que ele chamou de Noblat (em latim quer dizer "nobre") e que hoje se chama Saint-Leonard de Noblat.

Visitei Saint-Leonard com meus filhos André e Gustavo. O lugar é uma massagem no ego de qualquer sujeito que carregue o sobrenome Noblat. Tudo ali se chama Noblat. Tem a Place Noblat. O restaurante mais famoso da cidade ostenta o nome Noblat no seu frontispício. A principal rua da cidade é a rue du Noblat. E a maior imobiliária de Saint-Leonard é a Imobiliária Noblat.

Para minha decepção, não existia um único Noblat em Saint-Leonard no final dos anos 90 do século passado.

Quando disse a vários habitantes da cidade que me chamava Noblat, eles me olharam com desconfiança. Mostrei meu passaporte e os dos meus filhos. Eles então passaram a me olhar com uma expressão hostil. Vai ver que pensaram: "Esses argentinos são uns farsantes."

O que aproxima os Noblat dos Medeiros Delgado é a longevidade. E também o gosto por fazer filhos – mais dos Medeiros Delgado.

Minha tia Iracema, que atravessou a barreira dos 90 anos, teve 13 filhos de tio Borba. Minha mãe, que morreu com 82 anos, foi mais modesta: limitou-se a parir seis. Tia Noêmia, que com 84 parecia uma jovem de 70 anos, não se casou e não teve filhos. Foi noiva duas vezes. E corre a lenda de que conservou intocado por mais de meio século o vestido de noiva que mandou fazer quando era bem mocinha.

De certa maneira, carrego uma parcela de culpa pela frustração do sonho de tia Noêmia. Um dos seus noivos era médico. Um sujeito simpático, meio caladão, mas atencioso com todo mundo.

Lembro-me do jantar de noivado deles no Recife. Ele corria em sossego até que entrei na sala sem ser convidado, olhei ao meu redor, fingi não ver tia Sunila acenando para que eu fosse embora, identifiquei o noivo sentado à cabeceira da mesa, não resisti e falei bem alto:

— Ih, gente, ele não tem uma orelha!

Foi a primeira manchete que produzi. E acabei detido por causa dela.

O noivo sem orelha desconcertou-se e parou de comer. Não que lhe faltasse propriamente uma orelha. Faltava um pedaço. Mas, visto de longe, parecia que faltava uma, sim. Eu deveria ter apurado melhor a informação antes de divulgá-la.

De pronto, tia Noêmia desatou no choro. Sentada ao lado dela, tia Adelvina usou um guardanapo como se fosse um lenço para enxugar-lhe as lágrimas. Tia Sunila levantou-se da cadeira na ponta da mesa e caminhou em silêncio na minha direção.

Eu tinha cinco para seis anos de idade, mas entendi na hora que me metera em uma encrenca. E só por ter dito a verdade! Ou uma meia-verdade.

Hipnotizado pelo olhar severo de tia Sunila, não pressenti a aproximação de tia Iracema por trás. Depois de tia Sunila, tia Iracema era o exemplar feminino mais feroz da família. Ela me deu um tapa na cabeça. Tapa, não. Cascudo. Tapa se aplica com a mão aberta. Cascudo, com a mão fechada e com os nós dos dedos. Dói muito mais. Só não levei uma surra no meio da sala de jantar porque tia Zezinha me salvou. Trancaram-me de castigo no quarto dela até a manhã seguinte.

Minha observação sobre a orelha a menos do pretendente à mão de tia Noêmia estragou o jantar de noivado e repercutiu intensamente no meio da família. O noivado se desfez algum tempo depois por razões que desconheço. Mas tia Zezinha morreu com 98 anos jurando por todos os santos que eu nada tivera a ver com o fim do noivado de tia Noêmia.

Tia Zezinha era um encanto. Parecia um passarinho de tão miúda e frágil. Ao contrário de tia Noêmia, jamais pretendeu se casar. Era casada com Deus.

Dedicou sua vida a rezar, ir à missa, cuidar de altares e dar esmolas aos pobres. Tinha o hábito de carregar dentro de casa um pequeno relógio-despertador para onde quer que fosse. Levava o rosário em uma das mãos e o despertador na outra. Uma vez a flagrei entrando no banheiro com o despertador.

Era uma mulher sem compromissos, de vida pacata e que mal saía de casa. Mas queria saber as horas a todo instante. Só me lembro de ter visto tia Zezinha quase à beira de um ataque de nervos quando o papa Pio XII estava morrendo. Ela dizia que ele fora o maior dos papas.

Na verdade, tia Zezinha admirara todos os papas, bispos, cônegos, monsenhores e padres que conhecera de perto ou a distância. Chorou quando ouviu no rádio a notícia da morte de Pio XII, em outubro de 1958. E depois comemorou a escolha de Ângelo Roncalli como o novo papa.

Com o nome de João XXIII, ele reinou por pouco tempo no Vaticano. Mas foi durante seu breve pontificado que a Igreja abandonou a sacristia e o silêncio dos claustros e saiu às ruas, ao encontro do chamado Povo de Deus.

Ao saber que João XXIII caíra doente e que havia poucas chances de se recuperar, estranhei o comportamento de tia Zezinha. Nos primeiros dias de agonia do papa, ela aparentou nervosismo e reforçou a dose diária de orações. Mais tarde, não. Ela passou a exibir uma inexplicável tranquilidade.

Algo se escondia por trás daquela atitude. E eu queria saber o que era.

Como não bastasse, tia Zezinha fazia questão de assegurar aos que lhe perguntavam sobre o papa que ele não morreria tão cedo.

— Mas o rádio diz que o papa está morrendo — argumentei mais de uma vez.

— Pois eu lhe garanto que ele ainda viverá muito — respondia tia Zezinha.

Afinal, quando conheci o motivo que sustentava a fé inabalável de tia Zezinha na imortalidade de João XXIII, entrei em parafuso. Pressionada por mim e confiando na promessa de que eu nada revelaria, ela me disse em *off*, sentada em sua cadeira de balanço:

— Vou lhe contar por que o papa não vai morrer. Fiz um acordo com Deus. Em troca da vida do papa, eu disse a Deus que ele poderia tirar minha vida, a de Maria Laurinda e a sua.

— Como é mesmo, tia Zezinha? Quer dizer que se o papa ficar vivo eu vou morrer? — perguntei, nervoso.

Tia Zezinha não alterou a voz para responder:

— Eu já estou com mais de 65 anos. Maria Laurinda, minha amiga, tem uns cinquenta e pouco anos, é solteira e vive em uma cadeira de rodas. Você, meu filho, nem completou 15 anos. Se Deus o levar, você também irá direto para o céu.

— Mas eu não quero ir para o céu agora. Quero ficar por aqui.

— O céu é um lugar muito bom, Ricardo José. Você vai gostar de lá.

Fora minha mãe, só tia Zezinha me chamava de Ricardo José. Ricardo, porque minha mãe achava o nome bonito. José, em homenagem ao irmão dela que foi bispo de São Luís do Maranhão e de Fortaleza. Em São Luís ele casou José Sarney, batizou seus três filhos e mais tarde casou um deles, Roseana.

Depois da grave revelação feita por tia Zezinha, fiquei sem dormir direito enquanto durou a agonia de João XXIII. Tia Zezinha era a minha melhor fonte de informações sobre assuntos divinos ou deles derivados. Tinha credibilidade. Se dizia ter feito um acordo com Deus para salvar o papa, vai ver que fizera mesmo.

Faltei a aulas no Salesiano, deixei de lado meu pequeno aquário com peixes de água doce, esqueci o curió que ganhara do meu avô, e não saí mais de perto do rádio Telefunken entronizado no alto do armário da cozinha. Ouvia todos os noticiários. E, de quebra, as edições extras do *Repórter Esso*.

Queria saber, se possível em tempo real, como evoluía o estado de saúde do papa. Ao ouvir que ele estava melhor, às vezes corria para o banheiro com cólicas. Ou me trancava no quarto de tia Zezinha e imaginava que minha hora chegara.

Quando o locutor dizia que a saúde do papa se agravara, eu desfilava pela casa feliz da vida, escapava pela porta dos fundos, entrava no quintal da casa vizinha, onde moravam tia Iracema e seus 13 filhos, e ia jogar futebol com alguns deles.

Só retomei a vida normal quando soube que o papa estava morto. Mortinho da silva! Foi então que abandonei tia Zezinha chorando ao pé do rádio, corri para a garagem da casa, onde não haveria a menor chance de alguém me escutar, e comecei a berrar, eufórico:

— Puta que pariu, puta que pariu, finalmente o papa morreu!

Que me lembre, meu interesse por notícias nasceu aí. E também a minha desconfiança com relação a fontes de informação.

Tia Zezinha incorrera em erro comum à maioria das fontes e generalizado entre os jornalistas: confundir o que deve acontecer com o que deseja que aconteça.

Como ela queria que o papa vivesse, apostou que ele não morreria. Errou.

Na fronteira de dois mundos

E, de repente, o bloco compacto de soldados da Polícia Militar que ocupava um pedaço da rua do Príncipe começou a se abrir vagarosamente de trás para a frente à passagem de algo difícil de ser identificado para quem estava a uns 300 metros de distância como eu. Ali, na calçada do portão principal da Universidade Católica de Pernambuco, munido de uma caderneta e de uma caneta Bic, eu fazia anotações e esperava que ocorresse alguma coisa de rara magnitude. Estava na fronteira de dois mundos distintos. E tinha passe livre para cruzá-la de um lado para o outro.

Carregava no bolso direito da calça duas carteiras de identidade: uma de repórter do *Jornal do Commercio* e a outra de estudante do primeiro ano do curso de jornalismo da universidade agora cercada pela polícia. Se queria apurar informações com os oficiais que comandavam o cerco, sacava do bolso a carteira de jornalista e a exibia. No caso de as informações estarem com os estudantes, a outra carteira permanecia onde estava. Eu era um deles. E fora eleito segundo-secretário do Diretório Acadêmico da Faculdade de Filosofia.

Do lado de dentro do portão havia centenas de estudantes nervosos, suados e barulhentos reunidos em assembleia, depois de terem desfilado à tarde pelo centro do Recife em protesto contra a política educacional do governo e fugido às pressas de um batalhão da polícia. Do lado de fora havia uma tropa de 200 soldados armados com revólveres, cassetetes, escudos e bombas de gás lacrimogêneo à espera tão somente de uma ordem superior para invadir o prédio da universidade. Eram quase 11 horas da noite do dia 27 de junho de 1968, e ameaçava chover.

Fazia pouco mais de quatro anos que o país vivia sob uma ditadura militar de natureza branda, envergonhada. Centenas de pessoas foram perseguidas e presas, parlamentares perderam o mandato e os direitos políticos por dez anos, juízes considerados liberais demais acabaram aposentados antes do tempo, e a imprensa que apoiara a deposição do presidente João Goulart se autocensurava para evitar a ação direta de censores. Ninguém era capaz de prever que dali a seis meses a ditadura tiraria a máscara de uma vez e, brutalmente, se assumiria como tal.

O silêncio da rua cedeu lugar ao leve barulho provocado pelo arrastar das botas dos soldados no asfalto à medida que uma mancha pequena e sem contornos definidos ia se infiltrando no meio deles. A mancha cresceu quando estava mais próxima do portão principal da universidade e deu para ver que se tratava de uma pessoa de baixa estatura. Não parecia ser um militar. A certa altura, concluí que não era um militar. Mas, naquelas circunstâncias, à passagem de quem uma tropa disciplinada e prestes a recorrer à violência abriria espaço de modo tão espontâneo?

"Com licença, boa-noite... Com licença, boa-noite", sussurrava o dono da voz ao tocar de leve no braço de um ou de outro soldado perplexo. O homem baixinho estava só. Usava uma boina e uma capa de lã que lhe deixava à mostra apenas os sapatos de couro preto. Momentos antes, correra de boca em boca dentro do pátio da universidade a notícia de que ele estava indo ao encontro dos estudantes. Parte dos estudantes se agrupou em torno do portão para vê-lo entrar. Os líderes da passeata frustrada se reuniram num canto para discutir o que fazer.

De pé sobre uma cadeira e diante dos estudantes sentados no chão do *hall* de entrada da universidade, o homem baixinho tirou a boina da cabeça com um largo gesto teatral e disse num inconfundível sotaque cearense, do qual jamais se livrou ou quis se livrar:

— Eu vim para ficar ao lado de vocês...

A plateia levantou-se, começou a aplaudir e a gritar.

O homem baixinho fez um gesto para que cessasse o barulho e para que todos se sentassem no chão novamente. Em seguida, disse:

— Alegro-me que padres, professores e operários estejam unidos com vocês, pois sua luta é a luta do povo. Eu só sairei daqui na companhia de vocês...

Novamente a plateia se pôs de pé, o aplaudiu em delírio e, a um novo gesto dele, fez silêncio e se sentou no chão.

Ex-bispo auxiliar do Rio de Janeiro, arcebispo de Olinda e Recife desde abril de 1964, em rota de colisão com os militares que mandavam no país, Dom Hélder Pessoa Câmara, a figura mais carismática da Igreja Católica na segunda metade do século passado, empregou o resto do seu discurso para apascentar o espírito daqueles jovens que temiam um confronto violento com a polícia. Por fim, ofereceu-se para negociar com o governo o fim do cerco à universidade e a libertação de nove estudantes que tinham sido presos durante a passeata.

Repórteres do *Diário de Pernambuco* e de jornais do Rio de Janeiro e de São Paulo desistiram mais cedo de esperar o desfecho do cerco à Católica. Foram embora antes mesmo de Dom Hélder aparecer por lá. No caso dos repórteres dos jornais de fora, a pressa era justificável. Afinal, tinham que despachar seus relatos por meio de telegramas ou ditá-los por telefone. Era uma tarefa demorada. Mas o repórter do *Diário*, não. Ele deveria ter ficado ali. Eu estava ali. E o *Jornal do Commercio* competia com o *Diário* para ver qual dos dois vendia mais.

Fui eu que estimulei o repórter do *Diário* a ir embora.

— Esse cerco vai entrar pela madrugada. Nada acontecerá até de manhã — comentei com ele e fingi que ia voltar ao jornal. Ele acreditou.

Colei em Dom Hélder no momento em que o vi e só o larguei pouco depois da uma hora da manhã. O editor-chefe do *Jornal do Commercio*, Wladimir Calheiros, atrasou a impressão do jornal para publicar a notícia. Eu estava tão excitado com a perspectiva de "furar" o *Diário* que decidi só ir para casa depois que lesse os dois jornais. Na oficina, peguei meu exemplar do *Jornal do Commercio* — eles saíam quentes como pão de fornada recente. Em seguida, fui para a praça defronte ao prédio do *Diário* esperar a desova dos seus primeiros exemplares.

Enquanto esperava, não sabia que a pouco mais de dez quilômetros dali, sozinho em sua acanhada casa nos fundos da Igreja de Nossa Senhora das Fronteiras, Dom Hélder registrava em carta para um grupo de amigos o que acabara de acontecer. Era uma espécie de diário que ele começara a escrever ainda como bispo auxiliar do Rio de Janeiro nos anos 50. A carta daquele dia, datada de 27/28.6.68, está identificada no alto à esquerda como "407a. Circular". Sobre a passeata reprimida pela polícia, Dom Hélder escreveu: "O pau cantou e houve prisões numerosas."

Mais adiante, disse por que fora ao encontro dos estudantes:

> 22h. Soube do cerco à Católica. Fui chamado. Não vacilei. Há segundos que decidem a vida. Se falhasse naquele instante com os universitários, estaria liquidado para eles. Parti imediatamente. Atravessei as tropas sem que ninguém me interrompesse ou interpelasse. Os oficiais me cumprimentavam e os soldados visivelmente me saudavam com carinho. Os soldados, coitados, de cassetete ou de metralhadora e com amplos escudos romanos...

O *Jornal do Commercio* "furou" o *Diário* naquele dia. Sua manchete de capa, em duas linhas, foi "Diálogo Hélder-Salviano põe fim a cerco da Católica". Salviano Machado era o governador em exercício. O *Diário* publicou que a universidade permanecera cercada até o início da madrugada. Ninguém que "não tenha sofrido" a "paixão insaciável" do jornalismo pode "conceber, sequer, o que é essa palpitação sobrenatural da notícia, o orgasmo das primícias, a demolição moral do fracasso", escreveu anos depois o romancista colombiano Gabriel García Márquez.

Senti a "palpitação sobrenatural da notícia" mais uma vez naquela noite. E, de madrugada, o orgasmo do "furo" que me impediu de dormir direito. Aos 19 anos, eu começava a me tornar vítima da "paixão insaciável" do jornalismo que não se aplacou até hoje. Uma paixão capaz de catapultar sua vítima para o nirvana por causa de um "furo" dado ou de uma edição primorosa — e, em seguida, remetê-la para o mais fundo dos abismos por causa de um "furo" que tomou de volta. Ou de um erro clamoroso que cometeu. Ou de uma ideia que não teve, mas que outro teve.

Quem desejar levar a sério o jornalismo há de se tornar refém de suas leis universais e, até certo ponto, desumanas. Uma delas ensina que a glória de um repórter dura, no máximo, 24 horas. Na verdade, dura menos que isso. A reportagem pode lhe render elogios até o meio-dia. Depois não se falará mais dela entre seus colegas e chefes. O autor da proeza estará ocupado com outro assunto ou com a sequência daquele. E se não provar com regularidade que é capaz de continuar produzindo bons trabalhos, passará a ser objeto de críticas e se arriscará a perder o emprego.

Outra lei estabelece que o jornalismo deve ser exercido em tempo integral. Isso quer dizer: do momento em que o jornalista acorda até o momento em que vai dormir. Notícia não tem hora nem dia marcado para eclodir e você esbarra nela em qualquer lugar. Uma vez detectada, não se pode ignorá-la sob pena de incorrer em crime de lesa-majestade. A pena máxima para o crime é o olho da rua. Pois o jornalista veio ao mundo para correr atrás de notícias e oferecê-las ao estimado público da melhor maneira possível. Com precisão, clareza e honestidade.

Manda outra lei do jornalismo que se duvide sempre de tudo e de todos – principalmente do que você imagina ter visto ou estar vendo. Nem tudo é como parece. Ou melhor: nada é como parece. Se alguém lhe conta uma história, primeiro duvide. Depois torne a duvidar. Só acredite e publique quando não lhe restar alternativa. Os jornais estão cheios de mentiras ou de meias-verdades. A televisão, idem, o rádio, idem, a internet, idem. A informação manipulada é o mais poderoso meio de controle das consciências jamais inventado pelo homem.

É raro o jornalista que não derrapa com frequência na lei mais difícil de ser respeitada – a que o obriga a se manter neutro diante de qualquer situação. Há jornais norte-americanos que proíbem seus jornalistas de serem sócios de clubes e de investirem na Bolsa de Valores acima de determinada quantia. E se um dia estoura um escândalo no clube do qual o jornalista é sócio? Ele terá isenção para investigá-lo? Como explicar que um jornalista da área de economia ganhe muito dinheiro na Bolsa sem ter-se beneficiado de informações privilegiadas?

As exigências de jornais norte-americanos fazem sentido e sempre farão. Mas servem, no fim, para disfarçar o fato de que não há imprensa mais hipócrita do que a norte-americana. Porque ela se apresenta ao mundo como modelo de independência editorial a ser adotado onde quer que se cultivem os valores da democracia ao estilo ocidental. E, no entanto, serve em primeiro lugar não à sociedade, mas aos interesses dos grupos políticos e econômicos que ditam o destino dos Estados Unidos — e, por extensão, dos países que gravitam em sua órbita, ou seja, quase todos.

Foi sempre assim que a imprensa norte-americana procedeu. O problema, contudo, agravou-se nas últimas décadas do século passado com a formação de gigantescos conglomerados de mídia, alguns deles de alcance planetário. Cada vez mais, nos Estados Unidos e fora dali, um número crescente de veículos de comunicação passa a obedecer à vontade de poucos donos. E cada vez mais os novos donos da mídia são megaempresas que enxergam o jornalismo como um negócio qualquer entre os muitos que controlam. Um negócio que deve se subordinar a outros mais lucrativos.

A neutralidade do jornalista diante de um fato é uma utopia a ser perseguida sem descanso, assim como a utopia de um mundo mais igualitário. Mas como ser neutro diante de atos de flagrante injustiça, por exemplo? Em meados de 2002, vi na porta de um *shopping* em Brasília um rapaz de pouco mais de 20 anos espancar um homem idoso porque ele entrou em um carro na companhia de uma moça loura. O rapaz pensou que a moça fosse sua namorada. Na época, eu dirigia a redação do *Correio Braziliense*. Publiquei a notícia sob o título "O Selvagem do *Shopping*".

A notícia limitou-se a contar o que testemunhei e a registrar o que disseram depois os personagens do episódio. Ocorre que, se eu tivesse respeitado a lei da neutralidade na hora de fazer o título, não poderia ter chamado de "selvagem" o jovem espancador. Um título neutro ficaria assim: "Jovem Espanca Velho na Saída de *Shopping*". Mas um título assim chamaria de fato a atenção dos leitores para o caráter bárbaro e gratuito do ato de agressão? Se o jovem agiu como um selvagem, por que não adjetivar de selvagem seu modo de agir?

Eu dirigia a redação do jornal *A Tarde*, de Salvador, quando, no primeiro semestre de 2003, os Estados Unidos bombardearam Bagdá, dando início à invasão do Iraque. A manchete da capa do jornal no dia seguinte resumiu-se a uma palavra estampada em letras grandes: "Estupidez." Nas três semanas anteriores à invasão, o jornal circulou com o desenho de uma bandeira ao lado de sua logomarca — e na bandeira estava escrito: "Diga não à guerra." Esse era o sentimento da maioria dos baianos e das pessoas fora dos Estados Unidos. Por que não assumi-lo?

O presidente George W. Bush e o primeiro-ministro inglês Tony Blair anunciaram que o Iraque escondia armas de destruição em massa e que por isso deveria ser atacado. Inspetores da ONU destacados para checar a acusação nada encontraram que a sustentasse. Nenhum estoque dessas armas nem laboratórios para produzi-las foram descobertos pelos próprios norte-americanos e ingleses depois da queda do ditador Sadam Hussein e da ocupação do Iraque. Por que então eu erraria se publicasse a fotografia de Bush e de Blair sob a manchete "Mentirosos"?

De resto, dizer verdades cristalinas com todas as letras e a ênfase necessária é tomar partido e pecar mortalmente contra a lei que manda os jornalistas serem isentos e objetivos? É possível contar uma história com objetividade, qualquer história, sem partir de um determinado ponto de vista? Se assumo um ponto de vista deixo de ser objetivo? Como não tomar partido em diversas ocasiões se o que não raro está ameaçada é a própria liberdade de expressão, sem a qual as demais liberdades inexistem ou perdem a utilidade?

Às favas todos os escrúpulos quando honestamente apuro fatos e quando tais fatos avalizam determinadas conclusões! Como jornalista, tenho obrigação de apresentá-los ao público — não de escamoteá-los ou distorcê-los a pretexto de ser isento e objetivo. O público que julgue meu trabalho. Ele pode me censurar com sua repulsa ou me premiar com seu respeito e assentimento. Se não serve para esclarecer, alertar, forjar consciências e contribuir para a construção de um mundo menos injusto e desigual, para que serve mesmo o jornalismo?

* * *

Não pensei a respeito de tudo isso na noite em que Dom Hélder evitou, com sua autoridade moral e seu corpo franzino, a invasão da Universidade Católica de Pernambuco por tropas da Polícia Militar. Estava muito ocupado em observar o que se passava ao meu redor, era jornalista havia pouco mais de um ano e ainda não sabia se deveria escolher o jornalismo ou a militância política. Eu gostava das duas coisas. Mas o maranhense Nagib Jorge Neto, que foi jornalista e fez política a certa altura de sua trajetória, insistia em que eu levava mais jeito para o jornalismo.

A opinião de Nagib sempre pesou na hora em que tomei algumas decisões profissionais. No final de 1966, ele me flagrou na casa de tia Rosa lendo o livro *Terra de ninguém*, de Antoine de Saint-Exupéry, o mesmo autor de *O pequeno príncipe*. Tia Rosa era irmã da minha mãe e tinha um travesseiro de penas que jamais esqueci. Uma das filhas dela, Maria Eunice, namorava Nagib, que era chefe de redação da sucursal do *JB* no Recife. *O pequeno príncipe* era o livro da moda, e eu já o lera. Nagib se impressionou ao me ver lendo outro livro de Exupéry, que nem ele mesmo conhecia.

Convidou-me para fazer estágio na sucursal do *JB* e eu aceitei. Entrei ali em fevereiro de 1967, depois de ter trabalhado durante três meses como *boy* de uma empresa alemã de navegação. Estava no terceiro e último ano do curso clássico. Era redator de um jornal mimeografado chamado *O Clássico* e fundara no bairro de São José, onde morava, um jornal mensal chamado *O Eco*. O jornal do colégio publicava textos dos alunos sobre qualquer tema. *O Eco*, sobre a vida no bairro e suas tradições carnavalescas. Ali nasceria anos depois o bloco Galo da Madrugada.

O time de repórteres da sucursal do *JB* era muito qualificado e solidário com iniciantes. Comigo, porém, foi diferente. Eles se retraíram. E tudo que Nagib me ensinou foi a ferro e fogo. Jamais me tratou com a deferência reservada a parentes ou a quase parentes. Pelo contrário: fazia questão de me tratar pior do que aos outros. Os primeiros textos que escrevi não foram considerados por Nagib medíocres ou ruins — foram tachados de "uma merda". Reescrevi pelo menos meia dúzia de vezes o primeiro texto que Nagib julgou digno de ser publicado.

— Nada está tão bem escrito que não possa ser melhorado — disse-me Nagib mais de uma vez. O que ele disse me aterroriza até hoje, quando dou um texto por terminado. O parágrafo anterior, por exemplo, foi escrito e reescrito quatro vezes e ainda não gostei de como ele ficou. A expressão "a ferro e fogo" apareceu na primeira versão do parágrafo, sumiu na segunda, reapareceu na terceira e decidi mantê-la na quarta — somente para poder execrá-la agora como um maldito lugar-comum, justo no momento em que este parágrafo suplica por um ponto final.

Você notou que quase todos os parágrafos deste capítulo até aqui têm o mesmo número de linhas? Se não têm é porque os responsáveis pela paginação do livro ignoraram meu desejo. Parágrafos do mesmo tamanho não querem dizer absolutamente nada. Não facilitam nem dificultam a leitura. É uma mania que me ataca de vez em quando, apenas isso. E que seria um prato cheio para qualquer psiquiatra. Deixo o "prato cheio" como um exemplo a mais de lugar-comum. E aqui emperro na busca de uma ideia para costurar este parágrafo ao que virá.

Para ser agradável, um texto deve fluir serenamente. Um parágrafo deve introduzir o outro. Você não pode mudar de assunto de repente. A não ser, no caso de um livro, que passe de um capítulo para outro. Ainda não sei como este capítulo chegará ao fim. O atual parágrafo está perto do fim. Mas como emendá-lo ao próximo? Só tenho mais duas linhas para fazer isso com suavidade. Pouco mais de uma linha e meia. Daqui a pouco, só uma linha. O que faço? Apelo para Nagib: "Não se brinca com texto. Texto é coisa séria." Ele me demitiria se eu brincasse.

Dá para brincar, sim, se você faz ficção. Ou uma crônica para jornal. Dá até para inventar palavras, como tantos escritores e poetas já fizeram. Mas se você escreve uma notícia ou reportagem, não dá para fazer gracinhas com o texto. Ele pode e deve ser leve, coloquial e literariamente bem cuidado. Acima de tudo, porém, tem que ser informativo. Sem esquecer que um bom texto exige começo, meio e fim. E que tem de contar uma história contextualizando as informações. Na ausência de contexto, as informações de pouco servem. Ou não servem para nada.

Como sempre levei a sério o ofício de apurar e de escrever, fui promovido a repórter assistente três meses depois de ter sido admitido na sucursal do *JB*. Abriu-se uma vaga porque um rapaz cabeludo e muito engraçado de São Bento do Una, interior de Pernambuco, concluiu que gostava mais de música do que de jornalismo — e pediu as contas. Sábia decisão a de Alceu Valença. Ocupei a vaga dele, e dali a mais um ou dois meses comemorei meu primeiro "furo". É uma pena que tenha ficado tão feliz com o "furo" a ponto de não conseguir escrevê-lo. Inacreditável!

No dia 21 de julho de 1967, foi preso no Rio de Janeiro, e despachado para confinamento na ilha de Fernando de Noronha, o jornalista Hélio Fernandes, diretor do jornal *Tribuna da Imprensa*. Ele publicara um artigo criticando Humberto de Alencar Castelo Branco, o primeiro dos generais-presidentes do regime instaurado em 1964. Militares ligados a Castelo exigiram a prisão de Hélio. O presidente, general Arthur da Costa e Silva, concordou. E lá fui eu na noite daquele dia ao aeroporto do Recife conferir a passagem de Hélio para a ilha de Fernando de Noronha.

Havia uma dezena de jornalistas no aeroporto. Sabíamos que o avião da FAB transportando Hélio, a mulher e alguns oficiais pousaria na Base Aérea, a uma larga distância de onde estávamos. Do aeroporto seria possível enxergar o pouso do avião e a decolagem. Depois voltaríamos à redação para redigir uma breve notícia a respeito. Esse era o *script*. Insatisfatório, portanto, para um jovem repórter que não aprendera ainda a avaliar os riscos da ousadia. Ainda hoje, costumo ousar primeiro e pensar depois — e já paguei caro por isso. Naquela altura, só ousava.

Cogitei em saltar o muro que delimitava o lugar onde as pessoas esperavam o desembarque de passageiros de voos comerciais e atravessar a pista até chegar do outro lado, onde pousavam os aviões da FAB. Loucura completa! Nagib, que fora comigo ao aeroporto, não deixou. "Você está doido? Eu sou seu chefe e não permitirei", advertiu-me, com ar sério. Voltei para a companhia dos colegas, e já estava quase conformado com a impossibilidade de fazer algo de diferente quando conheci um mecânico alemão. Ele usava um macacão da empresa aérea Lufthansa.

O mecânico morava no Recife havia um par de anos e falava português fluentemente. Quis saber por que havia tantos jornalistas no aeroporto àquela hora da noite. E disse em seguida, como se me contasse a coisa mais natural do mundo, que tinha acesso à Base Aérea. E que me levaria até lá se eu me disfarçasse com um macacão da sua companhia e prometesse que, uma vez lá dentro, não conversaria com ninguém. É claro que aceitei todas as condições. Troquei de roupa no banheiro do aeroporto. O macacão que ele me deu tinha quase o dobro do meu tamanho.

Entrei na Base Aérea dentro de um jipe dirigido pelo mecânico. Em um pátio bem amplo, entre dois hangares, ele estacionou e saímos passeando. Tomamos cafezinho na cantina de um hangar. E, ao entrarmos no hangar seguinte, demos de cara com um grupo de oficiais e soldados armados com fuzis. Rodeados por eles, sentados em duas poltronas, conversando com o comandante da Base, estavam Hélio Fernandes e sua mulher, Rosinha. Ele, de paletó, camisa branca e a barba por fazer. Ela, de saia estampada, blusa preta e sem maquiagem. Fumava muito.

Ficamos por ali, eu e o mecânico alemão, durante cinco ou dez minutos, não me lembro bem. Memorizei os detalhes da cena para poder reproduzi-la mais tarde. Mas não consegui escrever a notícia. Estava muito nervoso. Passei as informações para Nagib e ele a redigiu. A notícia chegou tarde ao Rio e não foi publicada na edição que circulou no Recife. Em compensação, meu segundo "furo", dali a mais um mês, sairia na edição vendida no Recife. E melhor fora que não tivesse saído. Por causa dele, virei *persona non grata* no alto-comando do IV Exército, com sede na cidade.

Os militares promoveram um treinamento no sertão de Pernambuco que mobilizou milhares de soldados. E convidaram a imprensa para cobri-lo. Embarquei para o município de Salgueiro em um C-147 da FAB. Nunca tinha entrado em um avião. Ao fim do segundo dos cinco dias de treinamento, descobri que estavam sendo censuradas as notícias que mandávamos por meio de um posto de telégrafo montado pelos militares. Havia mais um posto que funcionava na estação de trem. Servia à ferrovia e às comunicações mais urgentes dos próprios militares.

Gastei, então, parte do terceiro dia do treinamento seduzindo o funcionário do posto de telégrafo da estação de trem para ter acesso a informações que ele recebia de diversas unidades militares. Soube assim de inúmeros acidentes, com uma morte e alguns feridos. Os soldados haviam sido divididos em dois exércitos — o Azul e o Vermelho. Os comandantes do exército Vermelho eram identificados nos telegramas como Fidel Pasto e Chequepal — uma alusão ao ditador cubano Fidel Castro e ao líder guerrilheiro Che Guevara. Foi fácil, portanto, concluir que o exército Azul venceria.

Como de fato venceu. Mas deduzi da leitura de dezenas de telegramas que o custo da vitória fora pesado. Havia, por exemplo, um enorme alvo de madeira no alto de uma serra. Ele fora posto lá para ser bombardeado por aviões do exército Azul. Dia após dia, quase sempre pela manhã, os aviões sobrevoavam o alvo e tentavam destruí-lo. O treinamento acabou e o alvo permaneceu intacto. Foi um vexame. Que só se tornou público quando voltei ao Recife e dali enviei para o *JB* tudo que não pude contar a partir de Salgueiro.

Temi ser processado por isso. Bernardo Ludemir, diretor da sucursal, foi convocado para uma conversa com oficiais do IV Exército e recebeu dura advertência. Ouviu que nenhum outro jornal tratara o assunto como o *JB*. E que a intenção do autor da reportagem era desmoralizar os militares. Eu ainda não tinha sido fichado pelo Exército porque nunca fora preso. Uma vez preso, você era fotografado e lhe tiravam as impressões digitais. Sua ficha ficava nos arquivos do Exército para sempre. E engordava com qualquer nova informação suspeita apurada a seu respeito.

Em breve eu seria preso mais de uma vez. E teria que tomar uma decisão crucial para minha vida: teimar no jornalismo ou aderir a alguma organização política clandestina que, de armas nas mãos, se opunha ao regime militar?

Do lado dos aflitos

Fui preso três vezes entre outubro de 1968 e setembro de 1969. Tentaram me prender outras três no mesmo período. Escapei refugiando-me em locais diferentes, dois deles sob a proteção de reverendíssimas sotainas.

Não foi o jornalista quem despertou o apetite dos agentes da repressão. Foi o estudante, segundo-secretário do Diretório Acadêmico da Faculdade de Filosofia da Universidade Católica de Pernambuco e aluno do curso de jornalismo. Dali, em abril de 1969, acabaria expulso sob a acusação de promover atividades subversivas.

Embora eficientes, os agentes da repressão eram burros e mal informados. Julgavam-me mais importante dentro da Católica do que eu realmente era. E não entendiam que, como jornalista, eu criava mais problemas para o movimento estudantil do que para a manutenção da ordem pública.

Assim como o resto da imprensa, o *Jornal do Commercio*, onde eu trabalhava, era monitorado pela censura. E dispunha de chefes atentos que impediam o contrabando de qualquer notícia capaz de arranhar a segurança nacional.

O único texto de inspiração subversiva que emplaquei naquela época foi sobre uma mosca presa a uma teia de aranha. Saiu no suplemento dominical do jornal. Era uma parábola sobre a situação do país. Ninguém entendeu.

Publiquei com frequência — isso sim — o que os meus colegas do movimento estudantil detestavam ver noticiado. Dei conta de divergências entre eles, antecipei a realização de comícios relâmpagos e revelei detalhes sobre passeatas que somente seus organizadores conheciam. Eu sabia porque ajudava a organizá-las.

Queria apenas ser reconhecido como bom repórter. E não me dava conta de que a afoiteza do repórter ameaçava a liberdade do militante político. A culpa era de Nagib, meu primeiro chefe. Ele me treinara para ser repórter acima de todas as coisas.

Foi por minha culpa, minha máxima culpa que, em agosto de 1968, troquei uma trajetória ascendente de sete meses no *Jornal do Commercio* pela aventura de trabalhar no semanário do deputado estadual Fernando Lyra, do MDB.

O *Edição Extra* de Lyra saiu 12 vezes. Contou com a colaboração dos mais experientes jornalistas que atuavam no Recife. Só que, por experientes, eles tiveram a prudência de conservar seus empregos originais. Por noviço, eu não tive.

Fiquei desempregado durante nove meses depois que o *Edição Extra* fechou por falta de dinheiro, anúncios e leitores. Ninguém me ofereceu emprego porque eu já fora em cana uma vez e estava marcado para ir de novo.

A primeira prisão ninguém esquece. Menos ainda se foi uma prisão anunciada um mês antes e confirmada na véspera.

No início de setembro, cruzei com um amigo no corredor da Faculdade de Psicologia. Era um ex-seminarista com quem morara para fazer uma reportagem. Puxou-me pelo braço até o canto do corredor perto do bebedouro e disse baixinho, olhando, cuidadoso, para os lados:

— Não se meta com essa merda de congresso da UNE. Não se meta mesmo. Os caras vão prender todo mundo.

Era o que ele ouvira falar no quartel onde servia como ajudante de ordens de um coronel. Dentro da Católica, falava-se que a Ação Popular (AP), grupo político influente no pedaço, elegeria os delegados ao XXX Congresso da União

Nacional dos Estudantes (UNE) por meio do voto direto dos alunos. A AP era a filha rebelde da ala esquerda da Igreja. E adotara como pai o líder comunista chinês Mao Tsé-tung.

Discutíamos o pensamento de Mao em reuniões do Diretório Acadêmico. E com os olhinhos dele, tentávamos enxergar o que se passava no Brasil. Eu duvidava que a revolução chinesa pudesse ser reproduzida do lado de baixo da linha do equador (faz muito calor por aqui). E não via entre nós ninguém com pinta de Mao.

De todo modo, por ser a AP filha de quem era, eu simpatizava com ela e seguia sua orientação na maioria das vezes. Afinal, nasci e fui criado à sombra da Igreja, comunguei pela primeira vez com cinco anos de idade, estudei em colégios religiosos e tomei gosto pela política em círculos paroquiais e associações cristãs de jovens.

O ex-seminarista sabia de tudo isso. E também que eu provavelmente faria parte da chapa de delegados da AP. Daí a advertência cochichada nas vizinhanças do bebedouro e repetida tão logo a chapa foi eleita.

Começava assim a longa e penosa marcha da insensatez.

Delegados a um congresso clandestino foram indicados publicamente. Não satisfeitos, foram eleitos publicamente. E a imprensa divulgou seus nomes e que eles "em breve viajariam ao Sul do país" para representar Pernambuco em mais um congresso da UNE. Só faltou anunciar a data e a hora do embarque.

Fundada em agosto de 1937, a UNE ocupara o prédio de número 132 da Praia do Flamengo, no Rio de Janeiro, até ser extinta um dia após o golpe militar de 1964. Na ocasião, de uma só vez, cassaram-lhe a identidade e o endereço. E ainda apedrejaram e tocaram fogo na sua sede.

Na vida real, porém, ela continuava existindo e mandando ver. Conservara a capacidade de mobilizar largas faixas dos 213 mil universitários do país (2,1 por mil habitantes). E de incendiar-lhes o espírito.

O meu ardeu com a perspectiva de comparecer a um congresso que passaria à História, fosse tolerado ou reprimido. Se o tolerasse, a ditadura se desmoralizaria. Se o reprimisse, apertaria o passo para se assumir de fato como uma ditadura.

Realizar um congresso a céu aberto com quase mil estudantes era um baita desafio ao regime. Depois do golpe, os congressos de 1966 e de 1967 ocorreram em recintos fechados e com pouca gente. Mas a palavra de ordem da UNE agora era avançar, avançar a todo custo. Mao ensinara que era preciso "ousar lutar para ousar vencer". E que o imperialismo não passava de "um tigre de papel".

O movimento estudantil pagava para ver se a ditadura brasileira era um tigre de papel. Em março, pusera 50 mil pessoas nas ruas do Rio de Janeiro atrás do esquife de Edson Luiz de Lima Souto, de 16 anos, morto pela polícia durante a invasão do restaurante do Calabouço. No fim de junho, atraíra 100 mil pessoas, que desfilaram no Rio em protesto contra a violência policial.

A "Passeata dos 100 mil" foi clonada em vários estados — em Pernambuco, por exemplo, ganhou o nome de "Passeata dos 10 mil". E em quase todos a polícia interveio, espancando e prendendo estudantes, intelectuais, operários e religiosos. No final de agosto, a Polícia Militar invadiu a Universidade de Brasília. Os estudantes retaliaram, infernizando em Goiânia o desfile militar de 7 de setembro.

Entre março e outubro, morreriam no país 11 pessoas em conflitos de rua com a polícia e grupos paramilitares que apoiavam o regime.

O ano de 68 chegava ao fim marcado por fortes emoções em todo o planeta.

Nos Estados Unidos, o pastor e líder negro Martin Luther King tombara assassinado em abril. Estudantes franceses decretaram em maio que "era proibido proibir" e quase depuseram o governo. A União Soviética invadiu a Tchecoslováquia em agosto e fulminou a experiência da ditadura de esquerda que tolerava um pouco de liberdade. Temeu que a liberdade se metesse a besta e fosse para cima da ditadura.

A experiência verde-amarela combinava um pouco de liberdade com uma ditadura de direita. Terminaria em dezembro daquele ano com a reafirmação da ditadura via Ato Institucional nº 5 e o aniquilamento total da liberdade. A radicalização do movimento estudantil foi um pretexto a mais para que a experiência se esgotasse. E um dos emblemas da radicalização foi o congresso da UNE, dissolvido com a prisão de 920 moças e rapazes.

É assim que penso hoje.

Ao embarcar para São Paulo na manhã da quinta-feira, 3 de outubro, só pensava que poderia voltar com uma reportagem exclusiva bem ao gosto de Nagib. Uma reportagem que jamais escrevi porque não tive onde publicar. E, quando tive, ela envelhecera.

Viajei na companhia de dois colegas da Católica — Luiz Augusto Pontual, estudante de economia, e Marcos Vinícius Oliveira, estudante de ciências sociais. Para despistar a polícia, pegamos um ônibus com destino ao Rio de Janeiro. Cada um levava apenas uma muda de roupa e objetos de higiene pessoal.

Se fôssemos presos, tínhamos álibis perfeitos. Ou que imaginávamos perfeitos. Eu era repórter a serviço do *Edição Ex-*

tra, que ainda circulava. Lula Pontual era "fotógrafo", embora viajasse sem máquina fotográfica.

Lula era o único que dispunha de um segundo álibi: uma certidão falsa de casamento assinada pelo padre Edvaldo Gomes, homem de confiança de Dom Hélder Câmara. Edvaldo "casara" Lula com uma estudante da Universidade Federal de Pernambuco que também era delegada ao congresso da UNE. Em caso de prisão, e se ninguém acreditasse estar diante de um fotógrafo, Lula diria que viajara para se encontrar com a mulher em São Paulo.

Às vésperas do congresso, houve no Recife uma enxurrada de "casamentos" de estudantes abençoados por Edvaldo.

Um amigo dele, ex-padre que se casara com uma paroquiana e se mudara com ela para o Rio, abrigou-nos em sua casa ao chegarmos à cidade, pouco antes do meio-dia de sábado.

Partimos à noite da casa do ex-padre direto para a Estação Central do Brasil — e dali, em um trem pinga-pinga, para Taubaté, no interior de São Paulo. Em cada estação onde o trem parava, saíamos para esticar as pernas e conferir se havia rastro de polícia. Mudamos de vagão três vezes para fugir de nossos fantasmas. Mas eles teimavam em nos seguir por toda parte.

Taubaté dormia quando desembarcamos na estação de trem pouco antes das seis horas da manhã de domingo. Às nove, deveríamos estabelecer contato com uma pessoa que nos diria o que fazer. Tal pessoa, um homem magro e de óculos, estaria defronte da Sorveteria da Sé, ao lado da catedral, com uma edição daquele dia da *Folha de S. Paulo* debaixo do braço.

Se falhasse o contato das nove horas, haveria outro ao meio-dia na porta do Fórum, e mais um, às 15 horas, numa praça. O mesmo esquema funcionaria nos dois dias seguintes. Senhas e contrassenhas variavam a cada dia e de lugar para lugar. A senha das nove horas do domingo era: "Onde fica a Chácara do Visconde?" A contrassenha: "Perto do Campo de Taubaté."

Das seis às nove horas, matamos o tempo na catedral assistindo a uma missa atrás da outra. As missas ainda eram rezadas em latim, com o padre virado de costas para os fiéis. Rezamos, cantamos em voz alta e eu comunguei.

Na hora do ponto em frente à Sorveteria da Sé, depareime com um negro atarracado, sem óculos e sobraçando um exemplar daquele dia de *O Estado de S. Paulo*. Eu o olhei desconfiado. Ele me encarou desconfiado. Depois de alguma hesitação, fui até ele e dei a senha:

— Onde fica a Chácara do Visconde?

— Porra, Noblat, não se lembra de mim? Sou o Zé Luiz, da Faculdade de Medicina da Universidade Federal de Pernambuco. Estou aqui pelo mesmo motivo que você — replicou.

O cara da organização do congresso que deveria estar ali às nove horas só apareceu quase 30 minutos depois. E marcou para nos encontrar novamente às 13 horas em um ponto de ônibus.

Saímos de Taubaté para São José dos Campos e — sempre de ônibus — dali para Jacareí e depois Mogi das Cruzes. De Mogi, fomos de ônibus até o centro de São Paulo. No começo da noite, chegamos de carro a uma mansão do bairro de Alto de Pinheiros. O ambiente era de festa. Só faltava música.

Amigos se reencontravam aos beijos e abraços. Os líderes mais conhecidos eram assediados pelos admiradores. E ouviam-se vozes que tentavam pôr um pouco de ordem naquela zorra.

— Quem é do Ceará? — gritou uma voz amplificada por um megafone. — Cadê o pessoal do Ceará? Quem for do Ceará venha para este lado do jardim.

Perdi de vista Lula Pontual e Marcos Vinícius. E me vi empurrado para dentro de uma Rural Willys na companhia de mais três colegas de outros estados.

A Rural rodou em estrada asfaltada por menos de uma hora. Em seguida, meteu-se em uma estrada de barro e foi em frente com as luzes apagadas. Até que enxergamos as luzes de um carro que vinha em sentido contrário. Era um jipe da equipe de segurança do congresso.

Passamos para o jipe. E depois de 15 ou 20 minutos, alcançamos o sítio Murundu, antigo lugarejo de Nossa Senhora das Dores, a 70 quilômetros da capital paulista. Com 30 alqueires, o sítio tinha um galpão, um chiqueiro e um estábulo. Fora cedido por seu dono, Domingos Simões, na época militante do Partido Comunista Brasileiro.

Fazia muito frio e chovia sem parar. Parte do sítio era banhada pelas águas da Cachoeira da Fumaça. Ou você tomava banho naquelas águas geladas ou se resignava a ficar sujo até voltar para casa. É claro que eu me resignei.

— Prestem atenção no que vou dizer — exigiu um dos agentes de segurança do congresso, estudante como nós, agachado no interior do galpão do sítio. Sob a luz de uma lanterna, desenhou numa folha de papel uma espécie de mapa da região, onde apareciam com destaque o sítio e a cidade próxima de Ibiúna.

— Vocês só podem se movimentar dentro dos limites do sítio. Se os ultrapassarem, ouvirão um tiro dado para o alto — e mostrou um revólver. — Se avançarem mais um pouco, o segundo tiro será na perna de um de vocês.

Dormimos em colchonetes dentro do galpão (estranhei a falta de travesseiros). Ainda éramos poucos àquela altura. Devido ao atraso de várias delegações, o congresso só seria instalado oficialmente na noite da quarta-feira. Para "cair" na manhã de sábado sem ao menos eleger a nova diretoria da UNE. E sem ter ouvido uma única discussão decente sobre a situação política do país.

Um monumental fiasco! Que deu de graça aos órgãos de repressão do regime a preciosa chance de colher as impressões digitais, fotografar e interrogar um por um os principais líderes do movimento estudantil no país.

Duas causas explicam o fiasco. Primeira, a visão equivocada de que a ditadura estava fraca. Não estava. Ela vivia apenas uma crise de identidade, logo superada. Segunda, a ausência das mínimas condições para que se realizasse um congresso daquele porte e naquele lugar.

O congresso de Ibiúna foi o precursor dos spas.

Na segunda-feira, almoçamos e jantamos feijão, arroz, farinha e sardinhas. Na terça-feira, só almoçamos. Na quarta-feira, o almoço e o jantar se resumiram a sanduíches e tomates cozidos. Na quinta-feira, barras de chocolate substituíram os sanduíches. E na sexta-feira, quase todos jejuamos.

Aproveitando uma elevação do terreno, cavamos um anfiteatro para servir de palco às reuniões plenárias e, à noite, de dormitório. Com plástico, forramos o chão e fizemos uma cobertura para nos abrigar da chuva. Dormíamos espremidos uns aos outros. E por isso afloraram amizades íntimas e vocações insuspeitadas.

Convenci-me de que a temporada em Ibiúna daria lugar a uma temporada atrás das grades ao passar, na tarde da sexta-feira, dia 11, por um grupo de dirigentes da UNE reunidos em torno de um exemplar do *Jornal da Tarde*. Vladimir Palmeira, o líder da "Passeata dos 100 mil", fazia parte do grupo.

Examinavam o teor da notícia sobre a descoberta pela polícia do local onde acontecia o congresso. E se indagavam se haveria algum modo de os diretores da UNE escaparem à prisão em massa para dela extrair dividendos políticos mais tarde.

Não havia como escapar. O local estava vigiado. E agentes secretos da polícia tinham vistoriado o sítio antes mesmo de o primeiro estudante pôr os pés ali.

Calei sobre o que ouvi naquela roda de conversa. O medo e o frio me impediram à noite de pegar no sono. Assim, pude assistir, ao amanhecer, à chegada dos 300 soldados da Força Pública e dos agentes do Dops anunciada por tiros de metralhadoras e de revólveres.

Vi pelo menos três rapazes e duas moças apresentarem a soldados carteiras de policiais e serem separados da gente.

Caminhamos em fila indiana, com as mãos na cabeça e enrolados em cobertores, ao encontro dos nove ônibus, cinco caminhões, duas Kombis, um micro-ônibus e uma Rural Willys que nos conduziriam ao Presídio Tiradentes e à Penitenciária do Carandiru. Enquanto caminhávamos, recebemos a última orientação do comando da UNE: ninguém deveria admitir durante os interrogatórios que participara em Ibiúna do congresso da UNE.

A orientação fazia sentido, por mais esdrúxula que parecesse. A UNE era ilegal, lembra? Dizer que estava em um congresso convocado por ela seria confessar um crime. A condição jurídica de réu confesso é mais complicada.

Os corajosos e os cínicos seguiram a orientação direitinho. Tanto que, na quarta-feira da semana seguinte, ao entrar para ser interrogado numa sala do segundo andar do prédio do Dops, conferi a indignação compreensível de um comissário diante do que andara escutando nas últimas horas.

A sala era mal iluminada. O piso, de madeira. Do teto pendiam ventiladores de pá. Atrás de cada mesa havia um policial. Sobre cada mesa, uma máquina de escrever. E diante de cada mesa, um estudante nervoso ou se fingindo de calmo.

— Puta que pariu! — esbravejou o comissário que perdera a paciência. — É o 16º estudante que interrogo hoje. Dez estavam a passeio, dois num encontro religioso, três tinham ido conhecer Ibiúna e um se perdera. Nenhum desses putos, nenhum deles estava no congresso da UNE.

Provei durante dois dias, no Presídio Tiradentes, os rigores de uma cela coletiva de chão de pedra e com um buraco encravado que cumpria a função de latrina. Quem se servia do buraco o fazia à vista de todos. Havia umas 40 pessoas na cela. Dormia-se no chão. A comida era péssima.

Graças à pressão das mães paulistas, fomos transferidos no terceiro dia de prisão para uma cela com chão de madeira e um arremedo de banheiro. E começamos a receber alimentos enviados por elas. Foi assim que me viciei em leite condensado. Abria um furinho na lata e bebia.

Duas vezes por dia, em sinal de protesto e à falta do que fazer, cantávamos o Hino Nacional e o Hino da Independência. Os presos comuns cantavam conosco. O Hino da Independência fazia mais sucesso. Especialmente o estribilho:

Brava gente brasileira!
Longe vá temor servil
Ou ficar a Pátria livre
Ou morrer pelo Brasil
Ou ficar a Pátria livre
Ou morrer pelo Brasil.

Nos estados, os líderes estudantis que sobraram promoviam passeatas e cobravam nossa libertação.

A ditadura achou melhor livrar-se rapidamente de quase todos nós. Depois de cinco dias, alugou uma frota de ônibus e despachou-nos de volta. Reteve apenas 14 líderes de expressão nacional. Contra eles instaurou processos.

Uma vez no Recife, senti na pele o estrago que um jornalismo mal-intencionado pode provocar. Ao dar a notícia da queda do congresso, o *Jornal do Commercio* destacara na primeira página a prisão de Luiz Travassos, presidente da UNE, José Dirceu, candidato a presidente, Vladimir Palmeira e a minha.

Por que a minha? Eu não tinha o peso político dos outros três.

Fora pura maldade do jornal. E não fora a única.

Pouco antes da minha volta, o jornal denunciara que minha família estava recebendo constantes telefonemas anônimos com ameaças contra mim.

Não houve telefonema algum.

Por último, o jornal revelou que seriam libertados todos os delegados de Pernambuco ao congresso da UNE — menos eu, Carmem Castro Chaves e Humberto Câmara Neto, alunos da Universidade Federal de Pernambuco.

Outra mentira. Todos fomos soltos.

Consequência do noticiário?

Eu saíra do Recife para São Paulo como um jornalista que militava no movimento estudantil. Voltara como um estudante que militava no jornalismo — algo bem mais grave aos olhos da ditadura. Ganhara uma notoriedade que não merecia nem desejava. E por isso entrara na lista daqueles que deveriam ser presos regularmente.

Para não perturbar a celebração de mais um aniversário da "Gloriosa Revolução de 1964", fui preso em meados de março de 1969 pelo tenente da Polícia Militar José Ferreira dos Anjos. Fiquei na sede do Corpo de Bombeiros e fui bem tratado até ser solto, 18 dias depois. Dei aulas de leitura dinâmica para os oficiais.

Até aquela data, eu nada ouvira falar sobre o tenente Ferreira dos Anjos. Enquanto estive preso, ele me levava em uma Rural Willys verde e branca para interrogatório no quartel-general da Polícia Militar e me devolvia ao Corpo de Bombeiros. Numa dessas idas e vindas, pedi para ir ver minha mãe, que estava muito nervosa. Ele foi comigo. Lá em casa, comeu doce de goiaba em calda e bebeu água.

Comecei a ouvir falar do tenente depois do dia 28 do mês seguinte. E não parei mais de ouvir. Naquele dia, um homem mascarado saltou de uma Rural Willys verde e branca em uma parada de ônibus e disparou três tiros em Cândido Pinto de Melo, presidente da União dos Estudantes de Pernambuco. Cândido ficou tetraplégico.

O nome do tenente Ferreira dos Anjos foi citado no inquérito policial como o do possível mascarado que atirara em Cândido. Ele era o campeão de tiro ao alvo da Polícia Militar. O inquérito deu em nada.

Na noite do dia 27 de maio, o padre Antônio Henrique Pereira Neto, assessor de Dom Hélder, foi sequestrado por um grupo de pessoas em uma Rural Willys verde e branca e encontrado morto na manhã seguinte. Deram-lhe uma punhalada na garganta, enforcaram-no com uma corda e meteram-lhe três balas na cabeça. Seu corpo tinha marcas de tortura.

O nome do tenente Ferreira dos Anjos foi citado no inquérito policial como um dos possíveis sequestradores do padre Henrique. O inquérito deu em nada.

No dia 3 de março de 1982, o procurador da República Pedro Jorge de Melo e Silva, encarregado de investigar o desvio de 70 milhões de dólares da agência do Banco do Brasil no município de Floresta, foi assassinado a tiros em uma das ruas de Olinda. A roubalheira se tornara conhecida como o "Escândalo da Mandioca".

Dois anos depois, o então major Ferreira dos Anjos foi condenado a 31 anos de prisão como um dos assassinos do procurador. Fugiu da cadeia com menos de um mês. Recapturado 12 anos depois, em junho de 2004 ainda cumpria pena no Recife.

Nunca respondi a processos enquanto fui estudante.

A última vez que me prenderam foi em setembro de 1969, depois do sequestro no Rio do embaixador norte-americano Charles Elbrick. Ele ficou três dias em poder de integrantes da Ação Libertadora Nacional (ALN) e do Movimento Revolucionário 8 de Outubro (MR-8), organizações que pegaram em armas contra a ditadura. E foi trocado por 15 presos políticos despachados para o exterior — entre eles, Travassos, Vladimir Palmeira e José Dirceu.

Eu e mais 27 colegas havíamos sido expulsos da Católica no dia 12 de abril por exigência do comando do IV Exército. Deveríamos ter sido vítimas do Decreto-lei 477, assinado pouco antes pelo presidente da República. O decreto punia o estudante acusado de subversão com "pena de desligamento e a proibição de se matricular em qualquer outro estabelecimento de ensino por prazo de três anos".

A direção da Católica deu um drible no IV Exército e expulsou-nos com base em um dos artigos do seu estatuto. E um ano depois readmitiu quem quis voltar. Fui readmitido e me formei em 1972.

Era repórter da sucursal da revista *Manchete* havia dois meses quando o sequestro do embaixador forçou a libertação no Recife do histórico líder comunista Gregório Bezerra. Assisti à saída dele da Casa de Detenção do Recife direto para o aeroporto. De lá, a bordo do Hércules da FAB prefixo 2456, voou para o México na tarde do sábado, dia 6 de setembro, acompanhado dos 14 presos embarcados no Rio. O embaixador foi liberado na noite de domingo.

No dia em que Gregório foi solto, fui preso e levado para o Dops, onde encontrei Mércia Albuquerque, advogada dele, também presa.

Sem ter sido interrogado, fui solto dez dias depois por intercessão de um adepto do golpe militar de 64 — Joaquim Francisco de Moura Cavalcante. Mais tarde ele seria ministro da Agricultura do presidente Garrastazu Médici e governador de Pernambuco por indicação do presidente Ernesto Geisel.

A mulher de Moura, dona Suçu, era irmã do delegado Álvaro da Costa Lima, meu carcereiro. Moura era padrinho de batismo das filhas gêmeas do jornalista Alexandrino Rocha, diretor da sucursal da *Manchete*. Alexandrino, que pedira a Moura para me socorrer, fora secretário de imprensa do governador Miguel Arraes, deposto e preso em 64.

Aprendi com o episódio que relações de amizade e de parentesco no Brasil tendem a ser mais fortes do que eventuais diferenças ideológicas. E aprendi também o que vi mais tarde ser formulado com inteligência e graça pelo deputado Ulysses Guimarães, presidente do PMDB por mais de dez anos: no exercício civilizado da política, as ideias brigam, seus donos não precisam brigar.

Para fazer bom jornalismo, você tem de deixar preferências e preconceitos políticos de lado (é o mais difícil), escancarar sua mente (é difícil) e estar disposto a ir buscar informações com quem quer que elas estejam (é o menos difícil).

Direito a voto você conserva. Direito a declarar o voto você perde.

Escolhi o jornalismo como meio de ajudar a melhorar o mundo muito antes de ter consciência de que o escolhera. Ao ganhar consciência, comecei a me distanciar de partidos e grupos de todas as cores, e a espicaçá-los sempre que possível.

Como colunista político do *JB* na década de 80, nada me deu mais prazer do que expor falhas e defeitos da direita e da esquerda, do governo e da oposição, reconhecendo-lhes os méritos vez por outra. O que escrevi contra o candidato a presidente Fernando Collor custou-me o emprego cinco dias depois da eleição dele.

Como diretor de redação do *Correio Braziliense* na década de 90, fui acusado pelo PT de beneficiar o PMDB do ex-governador Joaquim Roriz nos primeiros anos do governo de Cristovam Buarque; depois, pelo PMDB, de beneficiar o PT de Cristovam ao longo do mandato seguinte de Roriz.

José Serra, candidato do PSDB a presidente da República, me viu como partidário de Lula na eleição de 2002. Em fevereiro de 2004, o único zen dos cinco mais poderosos ministros de Lula vetou meu nome para diretor de uma agência que detinha parcela da conta de publicidade do governo. Julgou-me pouco confiável. Omito o nome dele porque o fato me foi contado em *off* pelo diretor da agência. Na época, eu estava desempregado havia quatro meses.

Que se há de fazer?

É assim mesmo. O jornalista está obrigado a tentar ser justo e impiedoso (devo ter sido mais impiedoso do que justo). E a provar o tempo todo que é independente. Pois não basta ser. Tem que parecer.

O mundo não se divide entre bandidos e mocinhos. O mocinho de hoje pode ser o bandido de amanhã — e vice-versa. Mas sei — ou posso saber — quando estou diante de um bandido no exercício da bandidagem. Devo ouvi-lo para que se defenda. Jamais, contudo, o tratarei como à sua vítima. Ela será mais bem tratada. Porque creio sinceramente — por mais que isso traia uma visão romântica do jornalismo — que a imprensa existe, antes de tudo, para socorrer os aflitos. E afligir sem dó os seus algozes.

No país do "ame-o ou deixe-o"

Cante em ritmo de marchinha junto com os autores Dom e Ravel:

"Eu te amo, meu Brasil,
eu te amo,
meu coração é verde, amarelo,
branco, azul-anil.
Eu te amo, meu Brasil,
eu te amo,
Ninguém segura a juventude do Brasil."

Ou, se preferir, cante em ritmo de samba com Jorge Benjor:

"Moro num país tropical.
abençoado por Deus
e bonito por natureza,
mas que beleza,
em fevereiro, em fevereiro,
tem carnaval, tem carnaval,
tem um fusca e um violão,
sou Flamengo e tenho
uma nega chamada Teresa."

Carcereiro-mor dos 920 estudantes presos durante o congresso da UNE, o governador Abreu Sodré, de São Paulo, sugeriu ao presidente Garrastazu Médici que adotasse o sucesso da dupla Dom e Ravel como novo hino nacional. Embora gostasse da música, Médici ignorou a sugestão. Na época, Dom e Ravel eram orientados por militares a cumprir extensa agenda de shows pelo país. A ditadura valia-se deles para manter sua popularidade em alta. Eles se valiam da ditadura para faturar.

"Eu te amo, meu Brasil, eu te amo" fora composta para celebrar em 1970 a conquista do tricampeonato mundial de futebol. A se acreditar na propaganda da ditadura, vivíamos num país que ia pra frente. E que ninguém haveria de segurar. Entre 1970 e 1974, o Produto Interno Bruto crescera 63%, a renda por habitante se expandira 56% e a inflação desabara para 15%. Médici governou com um radinho de pilha colado ao ouvido para saber o resultado dos jogos de futebol.

O "espetáculo do crescimento" ofuscara a realidade tenebrosa de um país onde os direitos fundamentais do cidadão tinham sido suspensos, o Congresso podia ser fechado a qualquer instante e a imprensa seguia amordaçada. Pelo menos 268 adversários do regime foram mortos entre 1969 e 1974. E mais de 120 desapareceram, segundo Elio Gaspari em *A ditadura derrotada*. Em 1973, o número de casos de tortura registrados pela Igreja Católica alcançara a cifra brutal de 736.

Carlos Marighella, um dos líderes da oposição armada à ditadura, havia sido morto em novembro de 1969 em uma rua de São Paulo. No final de 1971, quase nada mais restava da Vanguarda Popular Revolucionária comandada por Carlos Lamarca. Ele próprio morrera emboscado no sertão da Bahia. O Partido Comunista do Brasil montara em 1970 um foco de guerrilha rural na região do Araguaia, perto de Marabá, a leste do Pará. Descoberto em 1972, o foco fora eliminado a bala em 1975.

O epílogo da ditadura só começou a ser escrito quando os países árabes produtores de petróleo decidiram vender mais caro sua principal riqueza. O preço do barril, que era de US$ 1,80 em 1970, disparou para US$ 11,65 em outubro de 1973. O "milagre econômico" brasileiro foi golpeado no coração. A inflação então retomou sua ascensão lenta e gradual, à semelhança da política de distensão do presidente Ernesto Geisel, e o tamanho da dívida externa não parou mais de aumentar.

Sobrevivi no Recife à pior fase do país do "ame-o ou deixe-o" como repórter e chefe de redação da sucursal da editora que mais contribuiu para inventá-lo. É fato que voltei a ser repórter do *JB* de maio de 1970 a abril de 1972, e que colaborei com jornais da chamada imprensa alternativa — *Opinião*, *Movimento* e *O Repórter*. Mas todo o ano de 69, e de meados de 73 a maio de 77, eu passei mergulhado no mundo encantado, colorido e essencialmente otimista das revistas de Bloch Editores. *Manchete* era a mais importante delas e a de maior circulação no país. Não se cansava de vender a miragem do "Brasil Grande Potência".

A editora Bloch fora criada por um judeu russo ansioso, chorão e meio desmiolado chamado Adolpho. Junto com a família, desembarcara no Rio de Janeiro em 1922 sabendo exercer duas artes: a de imprimir coisas e a de fabricar gelo. Deve ter concluído que o gelo não lhe traria fortuna. Foi ser impressor e depois editor. Entendia pouco de jornalismo, assim como seus parentes mais próximos — Oscar, primo, e Jaquito, sobrinho. Adolpho nascera gráfico. E gráfico morreria.

Imagine o alvoroço que hoje provoca em qualquer lugar a chegada de uma equipe da TV Globo. Todo mundo corre para cima dela, não é? Todo mundo quer aparecer em cores em rede nacional. Todo mundo quer dar uma mão aos repórteres. Era mais ou menos assim, nos idos de 70, quando uma equipe da *Manchete* aparecia em algum lugar. Conseguíamos tudo ou quase tudo que queríamos. Se fosse o caso, atrasávamos enterros e até organizávamos a desova fora de hora de tartarugas.

Uma vez, em Porto Calvo, interior de Alagoas, o fotógrafo Bráulio Pinho me pôs em situação delicada. Ele buscava o melhor ângulo para fotografar a praça central quando irrompeu ali um cortejo fúnebre. Havia umas 60 pessoas a pé em torno do carro que transportava o caixão. Bráulio quis registrar a cena. Mas quando encontrou a posição ideal para fazê-lo, o cortejo se adiantara. Tive que convencer a família do morto a dar mais uma volta com ele na praça. Por segurança, ela deu duas.

Em barco do Instituto Brasileiro de Desenvolvimento Florestal, acompanhados por um técnico e quatro funcionários, eu e o fotógrafo *free-lancer* David Olson saímos de Santarém, no Pará, e subimos durante dois dias o rio Tapajós para assistir à desova das tartarugas-gigantes do Amazonas. Elas eram de grande porte, principalmente se fotografadas de perto. Mas essa história de "gigantes" foi só para impressionar os editores da *Manchete* e assegurar a aprovação da viagem.

No local onde as tartarugas deveriam estar nos esperando não havia sequer vestígios delas. Ou voltávamos sem reportagem — e sujeitos a levar uma bronca — ou nos arriscávamos a navegar mais dois dias na direção de outro ponto de desova de tartarugas. Subiríamos então o rio Amazonas e pegaríamos adiante o Trombetas. Uma viagem prevista para durar seis dias duraria o dobro. Resolvemos arriscar depois que conversei com o técnico do instituto.

— Você garante que dessa vez encontraremos tartarugas?

— Garanto, sim. Só que essas já podem até ter desovado.

— Como as encontraremos, se já tiverem desovado?

— Elas ainda ficam algumas semanas em um lugar chamado "poção", próximo ao banco de areia onde desovam.

— E se elas não tiverem desovado ainda?

— Nesse caso estarão no "poção", e de vez em quando subirão no banco de areia para fazer uma espécie de reconhecimento do terreno.

— E se não as surpreendermos no ato de subir?

— Bem, aí não saberei o que fazer.

— Temos como pescá-las?

— Temos, sim.

— O que mais se parece com um ovo de tartaruga?

— Uma bola de pingue-pongue.

De volta a Santarém e antes de subirmos o Amazonas, comprei uma rede de pescar e duas dúzias de bolas de pingue-pongue. Acabamos não precisando das bolas — uma tartaruga apressada, e apenas uma, desovara. Cavamos e achamos seus ovos. Mas sem a rede não poderíamos obter a imagem que a *Manchete* abriu em duas páginas — dezenas de tartarugas supostamente desovando. Pescamos algumas delas, amarramos as patas traseiras e cavamos um buraco para cada uma.

Demos sorte, porque as imagens mais impressionantes capturadas pelas lentes de Olson foram espontâneas — e não poderiam ser de outro modo. Antes da simulação da desova, ao nos aproximarmos do banco de areia, vimos milhares de tartarugas começarem a escalá-lo lentamente. Só na televisão, décadas depois, vi o que a natureza me mostrou naquele dia de sol forte no rio Trombetas. Com o trabalho publicado em oito páginas, Olson entrou para o time titular da sucursal do Recife.

Em 1972, éramos apenas dois repórteres e um fotógrafo *free-lancer*. Cobríamos Alagoas, Pernambuco, Paraíba, Rio Grande do Norte e Ceará. Dois anos depois, a área de cobertura da sucursal se estendia da Bahia ao Amazonas, e éramos três repórteres (Luiz Ricardo Leitão, Luzanira Rego e Antônio

Magalhães), dois fotógrafos (Olson e Hélio Mota) e um chefe (eu). Jaquito, sobrinho de Adolpho, intercedia por nós junto à cúpula da empresa.

De abril a dezembro de 1972, ocupamos 82 páginas da *Manchete*, contra 28 nos doze meses do ano anterior. Por causa disso, a redação ganhou autonomia em relação à diretoria geral da sucursal. Em 1973, ocupamos 196 páginas da *Manchete*, mais do que o total de páginas ocupadas pela todo-poderosa sucursal de São Paulo. Em 1975 e 1976 ganhamos dois prêmios Esso nacionais de jornalismo para as revistas *Tendência* e *Agricultura de Hoje*, também do grupo Bloch.

Mudara a *Manchete*, que antes só se lembrava do Nordeste quando havia seca, baile de carnaval no Recife e romaria ao Juazeiro do padre Cícero Romão Batista? Ou mudara o Nordeste, que deixara de ser tão feio e pobre, a se levar em conta os exigentes padrões de beleza da revista? O Nordeste manteve-se intocável, a região mais miserável do país, como ainda é. Mudara – isso sim – o Nordeste oferecido pela sucursal do Recife aos editores da revista no Rio.

Se a *Manchete* queria bailes de carnaval, romarias e retirantes da seca (mais ou menos nessa ordem), tudo lhe era dado. Mas dávamos também outros temas, nos quais ela jamais prestara atenção. A beleza selvagem da ilha de Fernando de Noronha, por exemplo. Ou a diversidade da vida marinha do Atol das Rocas, no litoral baiano. Ou o moderno centro de estudos da Paraíba para a exploração da energia solar. Ou ainda a riqueza arquitetônica das cidades históricas do Nordeste.

Empregávamos parte substancial do nosso expediente na discussão e no garimpo de novos assuntos capazes de interessar à revista. Ou melhor: às revistas. Porque embora contratados da *Manchete*, fazíamos questão de trabalhar para quase todas as demais revistas da editora Bloch — *Fatos & Fotos*, *Ele & Ela*, *Pais & Filhos*, *Desfile*, *Geográfica Magazine*. Cansei de reunir a redação na piscina de um clube perto da sucursal só para conversar e descolar ideias de reportagens.

Éramos amigos — e isso facilitava o entendimento. Estávamos no início de nossas carreiras. Queríamos nos projetar o mais depressa possível. E gostávamos, gostávamos muito do que fazíamos. Ninguém recusava serviço. E não tinha essa de serviço menos ou mais importante. Eu dava o exemplo. Numa semana entrevistei para a *Manchete* Jorge Amado e Vinicius de Moraes. Na outra, a pedido da revista *Amiga*, segui, no Recife, os passos de uma namoradinha de Roberto Carlos.

Jamais viajei tanto para fazer reportagens como naquela época. Luiz Ricardo Leitão viajou pelo mesmo motivo 137 dias em 1973, ano em que se casou. Quem computou o número de dias foi Gracita, a primeira mulher dele. Salvo emergências, viajávamos com tempo suficiente para fazer um bom trabalho. E não voltávamos só com um. Pacotes de matérias barateavam as viagens. Assuntos que haviam rendido matérias antes eram revisitados sob novos ângulos.

Como a *Manchete* valorizava a fotografia acima de tudo, pensávamos no potencial de imagens de um determinado assunto para só depois avaliarmos seu grau de relevância jornalística. Se ele fosse capaz de propiciar belas fotografias, daria boa reportagem. O contrário não era inteiramente verdadeiro. Por isso eu muitas vezes me atrasava na apuração de informações só para dar palpites no trabalho dos fotógrafos e ajudá-los, se necessário, a produzir fotos.

Gosto de produzir fotos. E na *Manchete* aprendi a produzir vendo em ação fotógrafos do quilate de Walter Firmo, Sebastião Barbosa, Klaus Mayer, Gervásio Batista, Juvenil de Souza, Peter Frey, Orlando Abrunhosa e Frederico Mendes, entre tantos outros. Meu par mais constante no Recife foi Tadeu Lubambo. Ele era um apreciador de pequenos detalhes e um mago da iluminação. Se lhe bastasse uma hora para fotografar algo, gastava duas ou três, e quantos rolos de filme tivesse.

Para ampliarmos a presença da sucursal nas páginas da *Manchete*, pegávamos carona em séries de reportagens que ela inventava. Não eram nada criativas – mas o que fazer? Uma das séries foi sobre "O que é ser..." carioca, paulista, gaúcho, mineiro. Convencemos os editores da revista de que pelo menos baianos e pernambucanos mereciam lugar na série. Emplacamos um ilustre octogenário nordestino na série "O Recado de um Jovem de 80 Anos".

A série "Um *best-seller* em meia hora de leitura" quase terminou antes da data prevista porque o autor de um livro a ser resumido e publicado desistiu do negócio na última hora. O resumo saía encartado na revista em papel especial e no formato de livro de bolso. Um redator da *Manchete* no Rio me telefonou, aflito, pedindo que procurasse o sociólogo Gilberto Freyre. Queria autorização para resumir seu mais celebrado livro, *Casa grande & senzala*.

Freyre negou, como de resto era previsível. Diante da angústia do redator que me telefonara, eu disse meio encabulado:

– Veja, eu tenho um livro aqui que poderia ser resumido...

– Qual é? Qual é? – ele perguntou, excitado.

– Mas veja bem, a gente não pode forçar e dizer que se trata de um *best-seller*, porque não se trata...

– Não importa, não importa. O critério para definir um *best-seller* é elástico, muito elástico.

— Eu sei, eu sei disso. Mas o problema é que o livro está pronto, os originais datilografados, mas ele ainda não foi publicado...

— Como? Não foi publicado?

— É, não foi ainda...

— Porra, mas aí é forçar a barra demais... Você não acha?

— Eu acho sim, só estou querendo ajudar, você sabe...

— Mas que livro é esse? E de quem é?

— Bem... é um livro sobre a literatura de cordel nordestina. Na verdade, sobre o jornalismo na literatura de cordel nordestina. É muito interessante. Dá leitura.

— Não entendo disso, mas tudo bem. Se você diz...

— Dá leitura, sim. E o livro até que está bem escrito...

— Sim, mas quem é o autor?

— Veja, o autor..., bem, como dizer? O autor sou eu... Mas se não quiser, deixa pra lá. Aliás, é melhor deixar pra lá mesmo.

Fez-se silêncio do outro lado da linha. Depois de alguns segundos, meu interlocutor respondeu:

— Acho que não vai dar, não vai dar mesmo. Mas manda mesmo assim.

Mandei o resumo do livro. E ele saiu — com direito a foto e a uma pequena biografia do autor. O que não saiu até junho de 2004 — e duvido que ainda saia — foi o livro propriamente dito. Devo ser o único autor de um livro que virou *best-seller* sem nunca ter virado livro. Cada vez que o reli nos últimos quase 30 anos senti comichão de reescrever alguns de seus trechos. E de atualizá-lo. E foi o que fiz uma dezena de vezes. Mas não fiquei satisfeito.

Meu interlocutor no caso do *best-seller* estava satisfeito com a atenção que eu lhe dispensava. Para angariar a simpatia dele e de outros redatores e editores das revistas do grupo, criei a Jornada Bloch de Comunicação. Ela acontecia uma vez por ano. E repercutia muito dentro e fora da empresa. Meu interlocutor participara da jornada duas vezes. E se dera bem. Era um sujeito bonito e metido a galã. E sabia contar histórias. Como ele já morreu, prefiro não revelar seu nome.

O governo do Estado pagava hotel e passagens dos conferencistas. A Universidade Católica de Pernambuco cedia o auditório e conferia os diplomas. A Bloch entrava com os conferencistas e saía-se bem no farto noticiário a respeito publicado pela imprensa local. Os conferencistas passavam um fim de semana à beira-mar cercados de mimos. E ainda seduziam estudantes narrando-lhes suas ricas experiências de vida. Algumas eram literalmente seduzidas.

A prerrogativa de indicar os conferencistas era minha. E eu a usava para fazer amigos, influenciar pessoas, desentocar matérias e premiar quem demonstrasse boa vontade com o nosso trabalho. Fiz *lobby* sem saber que fazia. Mas na *Manchete* era assim mesmo – não bastava ter ideias e executá-las a contento. Era preciso brigar para vê-las aproveitadas. Briguei muito, por exemplo, para que a revista deixasse de ser tão fria e passasse a se preocupar mais com os fatos da semana.

A atualidade não era o forte dela – era o forte da *Veja*, lançada em 1968 pela Editora Abril. A *Manchete* estava para a norte-americana *Life* como *Veja* estava para a também norte-americana *Time*. Uma privilegiava a ilustração, a outra, o texto. A turma da *Manchete* dizia que uma imagem valia mais do que mil palavras. Tolice! Só em raríssimos casos era verdade. E depois do surgimento da televisão em cores deixou de ser. Nós, da sucursal do Recife, queríamos fazer pelo menos um pouco da *Veja* dentro da *Manchete*. Conseguimos algumas vezes.

No final de abril de 1977, quando me ofereci para ser repórter da *Veja* ganhando menos e trabalhando tanto ou mais, o mundo desabou sobre a minha cabeça e as dos meus colegas. Se dois anos antes havíamos sobrevivido à maior cheia da história do rio Capibaribe, que inundou dois terços do Recife, acabamos tragados pela insanidade do dono da *Manchete*.

* * *

— E qual é o motivo da nossa demissão? — perguntou o repórter Antônio Magalhães, de pé, ao lado dos seus companheiros Luiz Ricardo Leitão, Luzanira Rego, Hélio Mota e o motorista Aprígio Bezerra, todos formando um semicírculo em torno da mesa onde se entrincheirava, visivelmente constrangido, o diretor de Projetos Especiais de Bloch Editores, Fernando Luís da Câmara Cascudo.

— Eu diria que vocês estão sendo demitidos por um lamentável equívoco — respondeu Cascudo sem hesitar.

O dia era o quinto do mês de maio de 1977. Naquela manhã, consumara-se a decisão do diretor-presidente de Bloch Editores, Adolpho Bloch, de demitir toda a redação da sucursal da *Manchete* no Recife como retaliação à minha saída para trabalhar na *Veja*. O fotógrafo David Olson foi poupado — a revista vivia de fotos e alguém teria de fazê-las. O contínuo Orlando, também. Ele era o mais antigo empregado da sucursal e custaria caro demiti-lo.

Jaquito se empenhara para que eu não saísse. O próprio Adolpho me telefonou pedindo que ficasse. Oscar Bloch também — e esse empregou um argumento que julgava poderoso demais para dobrar minha vontade:

— Você não pode ir embora, não pode mesmo. E sabe por quê? Porque você já é um patrimônio da *Manchete*.

Então eu me vi carregando no pulso aquela plaquinha de metal numerada que se afixam em móveis e utensílios de certas empresas... e me arrepiei todo. Que horror! Aos 28 anos, tudo o que eu não queria era me sentir propriedade de alguém.

Queria ir para *Veja* – primeiro no Recife, depois em São Paulo, para finalmente alcançar Brasília. Guardava o roteiro na cabeça havia dois ou três anos. Admitia pular São Paulo e ir direto para Brasília, se fosse necessário. Mas era em Brasília que desejava morar. Nunca estivera lá.

O que me empurrava para Brasília era a vontade de cobrir a política nacional como repórter e – quem sabe mais tarde? – comentarista.

Desde 1967, quando ingressara na sucursal do *JB*, colecionava a "Coluna do Castello" escrita pelo jornalista Carlos Castello Branco, o Castellinho, e artigos que o jornal trazia sobre política internacional assinados por James Reston, chefe da sucursal do *New York Times* em Washington. Invejava os dois.

Manchete já me dera o que tinha para dar.

Na *Veja* eu seria exigido como repórter e aprenderia a escrever de maneira mais impessoal. Da primeira à última página, a revista parecia escrita por um único redator. Eu queria saber como se fazia isso. E aprender a fazê-lo.

Disse tudo isso a Jaquito por telefone, mas não adiantou.

– Pegue um avião e venha conversar comigo aqui no Rio – ele pediu.

– Não vou. Você vai tentar me convencer a ficar.

– Não vou, não. Venha se despedir dos amigos. Não faça a grosseria de ir embora sem vir antes aqui.

Passei o sábado dia 30 trancado com Jaquito no apartamento onde ele morava com a mulher e as filhas, no bairro de Botafogo. Entrei ali às 10h e saí pouco depois das 16h. Ele falou quase todo o tempo. Contou a saga dos Bloch, examinou a situação da editora, especulou sobre o futuro e me acenou com novas propostas de trabalho.

— Venha para o Rio ser chefe de reportagem da *Manchete*. Se quiser, começa na próxima semana.

— Não quero, Jaquito. Em cinco anos a revista já teve cinco chefes de reportagem. Quer que eu diga o nome de cada um? Celso Kinjô, Flávio Costa, Ney Bianchi, Cícero Sandroni... Ninguém aguenta esse cargo por muito tempo.

— Eu lhe darei todo o apoio...

— Não, Jaquito, não quero. E não quero chefiar mais nada. Quero ser repórter.

Ele me propôs ser repórter especial da *Manchete*, viajando para onde quisesse.

— Não quero vir para o Rio — respondi.

— Você fica no Recife e de lá viaja para onde quiser.

— Você sabe que isso não dará certo, Jaquito. Como vou fazer matérias no Rio Grande do Sul se lá tem sucursal? Ou em São Paulo, se lá tem sucursal? Essa história não duraria um mês.

Ele perguntou se eu não queria ser editor de alguma revista do grupo. Recusei:

— Nunca fui editor de nada. Não estou maduro para isso.

Depois do almoço, quando a sobremesa ainda não havia sido servida, Jaquito me aplicou um golpe baixo.

— Você lembra do relatório sobre o desempenho da sucursal no ano passado?

Lógico que lembrava.

Todo mês de fevereiro eu entregava a Jaquito um relatório que detalhava as atividades da sucursal no ano anterior. Aproveitava para comparar os salários pagos pela Bloch com aqueles pagos no Recife por outras sucursais de revistas e jornais do eixo Rio-São Paulo. A conclusão era sempre a mesma: a Bloch pagava pior. Por fim, pedia aumento de salário para a equipe.

Houve ano que consegui o aumento — sempre abaixo do que pedira. Em 1977 não conseguira aumento algum.

— Se você ficar, eu aumento o salário de toda a sua equipe — disse Jaquito.

— Porra, Jaquito, isso é sacanagem, golpe baixo. Você quer me jogar contra o pessoal.

— Aumento o salário de todo mundo. Menos o seu, é claro. Você não precisa de aumento. Está indo pra *Veja* ganhar menos...

— Não vim negociar salário de ninguém, Jaquito. Só vim me despedir.

— Pois é... Mas se você ficar, vai resolver um problema que nunca resolveu de todo... Porque eu vou dar os aumentos de salários exatamente como você pediu. Não vou regatear.

Fiquei alguns minutos em silêncio. Depois pedi para dar um telefonema.

Liguei para Luiz Ricardo Leitão. Ele era meu sucessor natural na chefia da redação da sucursal. Contei a conversa com Jaquito e disse que estava me sentindo acuado.

— Não deixe de ir pra *Veja* só porque ele garantiu aumento pra todo mundo. Você vai acabar se frustrando — aconselhou Leitão.

— É, mas esse é o único problema que a gente nunca conseguiu resolver. Se resolvesse, a obra ficaria completa — respondi.

Fui a Jaquito e me rendi:

— Ok, você venceu. Venceu jogando sujo, mas venceu.

Ele se levantou da cadeira, me abraçou e propôs, animado:

— Agora vá pra farra, faça o que quiser. Amanhã, às 11 horas, esteja aqui. Vamos passear com alguns amigos no iate *Manchetinha*. Você vai conhecer a vida de rico.

Vivi um domingo de rico. E na manhã de segunda-feira, devolvido à condição de jornalista mal pago, me apresentei a Jaquito na hora marcada por ele para sacramentar o aumento de salário da redação do Recife.

— Veja, você pediu aqui um reajuste de 30% pra Luzanira. É muito. Dou 10%.

Olhei para Jaquito e não acreditei no que acabara de ouvir. Ele continuou:

— Você está maluco? Quer dar um aumento de 25% pro Leitão, que já ganha muito? Dou 10% também.

Superei o espanto, recobrei a voz e devolvi:

— Jaquito, você enlouqueceu? Não vim negociar aumento de salário pra ninguém. Vim me despedir porque estou indo pra *Veja*. Foi você quem inventou essa história de dar aumento pra todo mundo desde que eu fique.

— É, mas você pediu alto...

— Pedi coisa nenhuma. Com esses aumentos aí, o pessoal ainda ganhará menos do que o pessoal da *Veja* e do *JB*.

Ele fechou o relatório, me olhou e disse:

— Vá para a sala do Arnaldo. Daqui a pouco o chamo de novo.

Fui fazer hora na sala de Arnaldo Niskier, um dos diretores da editora. Quando voltei à sala de Jaquito, levei um susto. Era aguardado por ele, Oscar, o jornalista Zevi Ghivelder, Niskier, que se antecipara a mim, e o próprio Adolpho Bloch. Estavam sentados em torno de uma mesa redonda. Havia uma cadeira vaga, onde sentei.

— Que história é essa de ir embora? — perguntou Adolpho com sua marcante voz rouca e arrastada.

— Recebi um convite pra ir trabalhar na *Veja*, seu Adolpho. E estou querendo ir. Vai ser bom pra mim.

— Jaquito me disse que você quer aumento pra ficar...

— Eu? Que conversa é essa? Jaquito foi que prometeu aumentar o salário da minha equipe se eu ficasse...

— Você não vai embora, não vai mesmo. Você volta pro Recife, reassume e não leva um tostão de aumento pra ninguém. Se não reassumir, eu demito todo mundo, todo mundo — anunciou Adolpho.

Pensei que ele estava brincando. Mas pela cara dele e pelo silêncio envergonhado dos demais figurantes daquela cena, vi que Adolpho falava a sério. Na hora senti vontade de chorar. Por isso saí dali o mais rápido que pude.

— Tudo isso é um absurdo, seu Adolpho, mas o senhor é o dono e pode fazer o que quiser. Vou embora.

E fui. Ao entrar no elevador do prédio da *Manchete*, na Praia do Russel, e constatar que não havia ninguém ali, desatei no choro.

Era uma vez...

> *"Chega mais perto e contempla as palavras.*
> *Cada uma tem mil faces secretas sob a face neutra*
> *e te pergunta, sem interesse pela resposta,*
> *pobre ou terrível, que lhe deres:*
> *trouxeste a chave?"*
>
> (Do poema "Procura da poesia",
> de Carlos Drummond de Andrade)

Escrevo porque gosto de contar histórias.

Aprendi a gostar ouvindo histórias contadas por minhas tias, por vizinhas mexeriqueiras das ruas da minha infância, e declamadas por vendedores de folhetos da literatura de cordel na praça do Mercado de São José. O mercado ficava perto da casa onde morei até meus 16 anos. "Olho de Gato" foi o rei da praça durante algum tempo. Poucos como ele "cantavam" folhetos tão bem.

Se os versos eram engraçados, "Olho de Gato" fazia sorrir a plateia que espontaneamente se formava para ouvi-lo. Se eram trágicos ou apenas tristes, a plateia chorava com ele ou se enternecia. "Olho de Gato" bancava o locutor de rádio ao divulgar uma notícia de última hora, se os versos eram dedicados ao que o poeta Olegário Fernandes, de Caruaru, classificava de "acontecimentos admiráveis".

O suicídio do presidente Getúlio Vargas, em agosto de 1954, foi o "acontecimento admirável" que mais suscitou folhetos — algo como 60 títulos. Só o folheto escrito pelo poeta Francisco Sales Areda, no Recife, vendeu cerca de 300 mil exemplares, a se acreditar nas contas dele. Getúlio matou-se pela manhã. No início da tarde, o livro de Areda estava à venda no Mercado de São José.

— Se um caso tiver fundamento e merecer um folheto, sei pelas primeiras notícias — confidenciou-me Olegário Fernandes em junho de 1973. — Mas se eu tiver dúvidas, a resposta certa é fazer o folheto, porque a conversa pode ser grande, o papo bonito e a paga, pequena. Então, para tirar a realidade, a gente faz 500 folhetos e bota dois cabras na rua pra vender. Em uma hora a gente sabe.

Morador de Campina Grande, Antônio da Mulatinha se valia de recurso empregado por jornalistas pouco escrupulosos quando querem atrair audiência a qualquer preço:

— Mesmo que a história seja boa, a gente tem de inventar de oitiva alguma coisa, uns detalhes, uns troços, que é pro folheto vender ainda melhor.

Outro truque para vender folheto estava no título, disse-me Olegário:

— O título tem que ser feito com palavras que toquem na mente do povo.

Rodolfo Coelho Cavalcante, poeta de Salvador, valorizava o título como instrumento de venda, mas preferia dizer que, para fazê-lo com sucesso, era necessário "um certo psicologismo". Ele, Mulatinha, Areda e tantos outros foram o que Olegário disse que era quando propalava em versos notícias extraordinárias — da morte de Getúlio à história do filho que assassinou a mãe numa sexta-feira da Paixão por causa de um pé de macaxeira:

— Sabe o que sou? Sou o repórter da gente da minha igualha.

Repórter corre atrás de notícia — e para outra coisa não serve.

Notícia nada mais é do que uma história capaz de interessar a muita gente.

Jornalista conta melhor histórias do que as escreve. Quando escreve, subtrai-lhes a graça, a cor, o clima, a ambientação, o ritmo e tudo o mais que possa transformar seus protagonistas em gente de carne e osso.

Tem que ser assim?

Por suposto, não.

É assim porque aprendemos com a imprensa norte-americana, em meados do século passado, que assim deveria ser — e não desaprendemos mais. Quem nos ensinou a fazer assim em nome da objetividade idiota e do mito da isenção absoluta já mudou de ideia. Concluiu que texto que não emociona, inquieta, instiga, mexe com a imaginação das pessoas e ajuda a pensar não é lido ou é pouco lido.

Foi na sucursal do *JB* no Recife que aprendi a ser repórter. Para você ser um repórter razoável, basta fazer bem duas coisas: observar e perguntar.

Foi na sucursal da *Manchete* no Recife que aprendi a escrever de um certo jeito. Para você ser um escritor razoável, basta fazer bem duas coisas: ler e escrever.

Você só escreverá bem se desfrutar a liberdade de poder experimentar várias formas de contar uma história, e de tempo para amadurecer um estilo. Se não lhe permitirem errar e bancar o ridículo, e se você não admitir ser criticado, o mais provável é que você jamais escreva algo que preste.

Como repórter, *Manchete* me deu a chance de conviver com intelectuais de renome na casa de Jorge Amado, no bairro do Rio Vermelho, em Salvador; com penitentes que se autoflagelavam em cemitérios abandonados durante a Semana Santa às margens do rio São Francisco, e com garimpeiros que arriscavam a vida mergulhando sem máscara em busca de ouro nos leitos de rios do sul do Pará.

Como redator, *Manchete* e as demais revistas de Bloch Editores me deixaram à vontade para escrever como desejasse, respeitados, naturalmente, os limites mínimos do bom gosto, da elegância e da clareza.

Os anos 60 e 70 assistiram ao surgimento, nos Estados Unidos, do que se tornou conhecido como *new journalism*, e na América Latina, ao *boom* do que fora batizado outrora de "realismo mágico". Fui fortemente influenciado pelos dois fenômenos.

O *new journalism* combinou técnicas de jornalismo com técnicas literárias para reinventar a reportagem. Um exemplo dele é o livro *A sangue-frio*, de Truman Capote, publicado em 1965. O livro conta a história do assassinato de uma família no interior dos Estados Unidos. Outro exemplo é o relato de Norman Mailer da luta de boxe travada no Zaire em 1974 por Cassius Clay e George Foreman — e ganha por Clay.

O "realismo mágico" fundiu o veraz com a fantasia para recriar o romance latino-americano. Seu produto mais famoso foi *Cem anos de solidão*, do colombiano Gabriel García Márquez, publicado no Brasil em 1968. Antes de ser romancista, García Márquez foi jornalista. O caminho asfaltado por ele foi explorado pelo peruano Mario Vargas Llosa, o belga filho de argentinos Julio Cortázar e o brasileiro J. J. Veiga.

Escapo, aqui, de fininho à tentação de esboçar uma receita para quem queira escrever bem. Primeiro, porque não existe receita. Segundo, porque tudo que se diga a esse respeito já foi dito (seja conciso, escreva com simplicidade, use frases curtas, abuse da ordem direta etc. e tal...). Todo mundo sabe quando põe os olhos em um texto de boa qualidade. É aquele que dá prazer de ler.

Tenho um terceiro motivo para me negar a dar conselhos a quem ambiciona escrever bem: não gosto do meu jeito de escrever. Sinceramente, não gosto. Ele pode parecer natural, mas de natural não tem nada. É cerebral em excesso. Admito que faça pensar. Mas não comove. Não leva ninguém às lágrimas. Não enfurece ninguém. Não faz ninguém sorrir — sorrir de verdade.

Sou refém de dicionários — e nem por isso meu vocabulário é rico. No passado, me valia deles para pinçar palavras "inteligentes" e salpicá-las nos textos. Agora, eu os consulto à caça de palavras mais simples e para entender o significado de alguma.

(No fim da vida, o pintor espanhol Pablo Picasso, o inventor do cubismo, lamentou que fora preciso viver tanto tempo para só então aprender a pintar como pintam as crianças.)

Sou viciado em reescrever frases e parágrafos inteiros — e, muitas vezes, reescrevo para pior.

Corto tudo que me pareça supérfluo num texto — e, não raramente, jogo fora o que deveria ter preservado.

Estanco com frequência à procura de uma saída inspirada para o que quero dizer — e me desespero porque quase nunca encontro. Perco muito tempo com isso.

No mais das vezes, essa conversa de "inspiração" é conversa fiada.

(Vi um painel em Veneza, pintado por Vittore Carpaccio no fim dos anos 1400, em que Santo Agostinho olha através de uma janela em busca de inspiração. Já fiz isso muitas vezes e não deu certo.)

Você tem mais é que suar e verter sangue para escrever sem se envergonhar nem causar vergonha.

Duvida? Peça a opinião de um poeta.

Uma vez pedi a opinião de João Cabral de Melo Neto, autor de *Morte e vida Severina.* Apresentei-o assim aos leitores da *Manchete* na década de 70:

> "(Ele é) um homem torturado, obsessivo que, se marca um compromisso para as 13 horas, passa toda a manhã consultando o relógio; um homem que há 40 anos toma de quatro a seis aspirinas por dia para suportar uma dor de cabeça que não passa nunca, que já se incorporou à sua vida, ao seu trabalho e aos seus sonhos."

Em resposta a uma pergunta da escritora Clarice Lispector, João Cabral comentou a propósito do seu processo de criação:

> "Na verdade, procuro escrever um poema como imagino que um engenheiro deve construir sua obra, isto é, da maneira menos instintiva, mais calculada, mais fria possível. Mas acontece que tentar escrever assim não significa, ao menos no meu caso, escrever tranquilamente. Escrever poesia para mim é muito difícil e penoso."

Se aquele tido como o maior poeta vivo da língua portuguesa no final do século passado achava difícil escrever e sofria para escrever, que direi eu, que de comum com ele guardo apenas o fato de ter nascido na mesma cidade?

Tudo que eu queria era escrever como se conversasse com um amigo calma e displicentemente, se possível deitado numa rede, olhando o mar de Porto de Galinhas... Aí, sim, talvez viesse a gostar do que escrevo. E, por gostar, entendesse por que insisto em uma tarefa que tanto me martiriza.

Em texto de 1947 traduzido por Eva Paulino Bueno, o escritor inglês George Orwell resumiu em quatro as razões que impelem uma pessoa a escrever:

- *Completo egoísmo.* Desejo de parecer esperto, de ser comentado, de ser lembrado depois da morte;
- *Entusiasmo estético.* A percepção da beleza no mundo exterior, ou, por outro lado, nas palavras e no seu arranjo correto. O desejo de compartir uma experiência que se sente que é valiosa e não deveria ser perdida;
- *Impulso histórico.* O desejo de ver as coisas como elas são, de descobrir os fatos verdadeiros e de guardá-los para a posteridade;
- *Propósito político.* O desejo de levar uma palavra em uma certa direção, de alterar a ideia de outras pessoas sobre o tipo de sociedade a que elas devem aspirar.

No mural do quarto do meu filho mais velho, André, tem uma frase escrita a mão num pedaço de papel em meio a fotografias dele com parentes e amigos. A frase é esta: "O homem escreve para matar a morte."

Quer dizer: escreve com a pretensão de se manter vivo depois de morto.

André copiou a frase de um livro do poeta Vinicius de Moraes. Mas Vinicius não é o autor dela — e eu não sei quem é.

Al Pacino encarna o próprio Mal quando tenta seduzir um advogado caipira no filme *O advogado do diabo.* Na cena final, ele diz na língua de Bush:

— *Vanity, definitely my favourite sin.*

Ou na língua de Lula:

— Vaidade, definitivamente meu pecado favorito.

Como tenho plena certeza de que nenhum texto meu sobreviverá à missa de sétimo dia pela minha alma (de trigésimo, vá lá...), digo que escrevo movido basicamente por impulso histórico e propósito político. À falta dos outros listados por Orwell, são esses os verdadeiros motivos que explicam por que um jornalista é um jornalista — não é um escritor.

Ser reconhecido como jornalista está de bom tamanho para mim.

* * *

Na abertura deste capítulo, creditei a minhas tias, a vizinhas mexeriqueiras e a vendedores de folhetos do Mercado de São José o gosto por ouvir histórias. Credito parte da habilidade adquirida para saber contá-las aos poetas eruditos que li quando ainda era adolescente.

Quer saber por quê?

Porque tudo de que você precisa para se tornar um bom contador de histórias pode ser encontrado nos poemas que eles escreveram. Ou são os próprios poemas. Senão, confira:

1. Livre-se dos filtros e das ideias preconcebidas

Abra sua cabeça. Olhe ao seu redor. História (notícia) está em toda parte. Mas o último lugar onde você deve procurá-la é dentro da redação. Porque a história que nasce numa redação nasce em outras. E contar o que os outros contarão não é vantagem alguma. Vantagem é contar sozinho uma história.

Deboche de quem disser que a internet acabou com a exclusividade das histórias. É desculpa de preguiçoso. O bom e velho "furo" não saiu de moda. E jamais sairá.

"Não basta abrir a janela
Para ver os campos e o rio.
Não é bastante não ser cego
Para ver as árvores e as flores.
É preciso também não ter filosofia nenhuma.
Com filosofia não há árvores: há idéias apenas.
Há só cada um de nós, como uma cave.
Há só uma janela fechada e todo o mundo lá fora;
E um sonho do que se poderia ver se a janela se abrisse,
Que nunca é o que se vê quando se abre a janela.
(Do poema "Poemas inconjuntos", de Fernando Pessoa)

2. O que você procura pode estar nas coisas simples

Jornalista adora coisas complicadas — de preferência, grandes escândalos. O público também, embora aprecie um monte de outros assuntos de que os jornalistas nem se tocam ou, pior, desprezam.

Boas histórias — e baratas — estão a um palmo do seu nariz. Ou logo ali do outro lado da rua.

"João Gostoso era carregador de feira livre e morava no
[morro da Babilônia num barracão sem número.
Uma noite ele chegou no bar Vinte de Novembro.
Bebeu
Cantou
Dançou
Depois se atirou na Lagoa Rodrigo de Freitas e morreu
[afogado."
(Do poema "Poema tirado de uma notícia de jornal", de Manuel Bandeira)

"O rapaz chegou-se para junto da moça e disse:
— Antônia, ainda não me acostumei com o seu corpo,
[com a sua cara.

A moça olhou de lado e esperou.
— Você não sabe quando a gente é criança e de repente vê
[uma lagarta listada?
A moça se lembrava:
— A gente fica olhando...
A meninice brincou de novo nos olhos dela.
O rapaz prosseguiu com muita doçura:
— Antônia, você parece uma lagarta listada.
A moça arregalou os olhos, fez exclamações.
O rapaz concluiu:
— Antônia, você é engraçada. Você parece louca."
(Do poema "Namorados", de Manuel Bandeira)

3. Só vale com começo, meio e fim

Se faltar uma dessas partes, você não tem uma história. E se não tem, não a conte. Vá buscar a que falta. Se não encontrar, azar o seu.

"João amava Teresa que amava Raimundo
que amava Maria que amava Joaquim que amava Lili
que não amava ninguém.
João foi para os Estados Unidos, Teresa para o convento,
Joaquim suicidou-se e Lili casou com J. Pinto Fernandes
Que não tinha entrado na história."
(Do poema "Quadrilha", de Carlos Drummond de Andrade)

4. Escreva o essencial

A cada história, o espaço que merece. Nada pior do que se espichar uma história. O respeitável público não gosta.

O contrário pode não ser mau — desde que mantidos os aspectos mais saborosos da história resumida.

"Stop.
A vida parou
Ou foi o automóvel?"
(Do poema "Cota zero", de Carlos Drummond de Andrade)

5. Sua história tem de convencer

Primeiro, você mesmo. Segundo, os outros.

Você pode ter reunido uma série de informações interessantes e elas não contarem exatamente uma história. Ou você pode não saber direito que história elas contam. Você tem que ter uma história para contar antes de começar a contá-la. E saber o que quer dizer com ela.

"Pede-se a quem souber
do paradeiro de Luísa Porto
avise sua residência
à Rua Santos Óleos, 48.
Previna urgente
solitária mãe enferma
entrevada há longos anos
erma de seus cuidados.

Pede-se a quem avistar
Luísa Porto, de 37 anos,
que apareça, que escreva, que mande dizer
onde está.
Suplica-se ao repórter-amador,
ao caixeiro, ao mata-mosquitos, ao transeunte,
até mesmo aos senhores ricos,
que tenham pena de mãe aflita
e lhe restituam a filha volatilizada
ou pelo menos deem informações.
É alta, magra,
morena, rosto penugento, dentes alvos,

sinal de nascença junto ao olho esquerdo,
levemente estrábica
Vestidinho simples. Óculos.
Sumida há três meses.
Mãe entrevada chamando.

Roga-se ao povo caritativo desta cidade
que tome em consideração um caso de família
digno de simpatia especial.
Luísa é de bom gênio, correta,
meiga, trabalhadora, religiosa.
Foi fazer compras na feira da praça.
Não voltou.

Levava pouco dinheiro na bolsa.
(Procurem Luísa.)
de ordinário não se demorava.
(procurem Luísa.)
namorado isso não tinha.
(Procurem. Procurem.)
Faz tanta falta (...)"
(Do poema "Desaparecimento de Luísa Porto",
de Carlos Drummond de Andrade)

6. Diga mais. Sem dizer demais

Isto é: não fique na superfície de uma história. Não se deixe levar pelas aparências. Vá fundo. Descubra o que ela esconde ou o que se esconde por trás dela. Mas, se você faz jornalismo, não invente nada, nadinha. É proibido inventar.

"Dizem que finjo ou minto
Tudo que escrevo. Não.
Eu simplesmente sinto
Com a imaginação."
(Do poema "Isto", de Fernando Pessoa)

7. Uma ideia marcante

Ou uma frase lapidar. Ou um começo inesquecível.

Você precisa de uma dessas coisas ou de todas a cada história que conte.

"Tenho apenas duas mãos
e o sentimento do mundo."
(Do poema "Sentimento do mundo",
de Carlos Drummond de Andrade)

"Tinha uma pedra no meio do caminho,
no meio do caminho tinha uma pedra."
(Do poema "No meio do caminho",
de Carlos Drummond de Andrade)

"A cidade é passada pelo rio
como uma rua
é passada por um cachorro;
uma fruta
por uma espada."
(Do poema "O cão sem plumas",
de João Cabral de Melo Neto)

8. Cada qual a sua maneira

Uma história não pode ser contada da mesma forma como se conta outra.

Cada uma é cada uma.

Abaixo a ditadura do relato frio, burocrático e sem imaginação do tipo despacho de agências de notícias.

Para ilustrar melhor o que quero dizer, deixo os poetas em paz. E apelo para algumas histórias que coleciono como exemplos de histórias bem contadas.

"No caminho até Basra, o câmera filmava cachorros selvagens que destroçavam cadáveres de iraquianos. A cada instante, uma dessas bestas famintas arrancava diante de nós um braço em estado de decomposição e se punha a correr com ele pelo deserto: os dedos mortos deixavam sulcos na areia, os restos de uma manga queimada tremulavam no ar.

"Só para documentar", me disse o câmera. Claro. Porque a rede de TV jamais mostraria tais imagens. As coisas que víamos – a imundície e obscenidade dos cadáveres – não podem ser mostradas. Em primeiro lugar, porque não seria "apropriado" mostrar essa realidade pela televisão na hora do café da manhã. Em segundo lugar, porque, se a televisão a mostrar, ninguém voltaria jamais a respaldar a guerra... Isso aconteceu em 1991, na primeira Guerra do Golfo.

Hoje, quando escuto as ameaças de George W. Bush contra o Iraque e as estridentes advertências moralistas de Tony Blair, me pergunto: o que sabem eles dessa terrível realidade? Por acaso Bush, que declinou de servir a seu país no Vietnã, tem alguma ideia de como cheiram os cadáveres? Tony Blair tem alguma pálida noção de como são as moscas, esses insetos grandes e azuis que se alimentam dos mortos no Oriente Médio e que pousam na cara ou no meu caderno de anotações?"

(Abertura da reportagem de Robert Fisk publicada no *The Independent*, de Londres, às vésperas da segunda Guerra do Golfo, no início de 2003.)

"Cinderela veio do Zagreb. Tem barba grossa e escura, fuma cigarros sem filtro no vestiário e gosta de comer chouriço e pão doce. E não estamos falando de *croissants*. Ela está na Copa do Mundo e seu traje é uma camisa de futebol que mais parece uma toalha de cantina italiana. Calça chuteiras e não tem medo de aplicá-las nos joelhos dos outros. Se alguém tentar intimidá-la, dará empurrões e xingará como um marinheiro em folga de três dias. Ela é a Croácia.

Os baixinhos durões foram os heróis de sábado num lugar chamado Stade Gerland, em Lyon, onde os astros alemães entraram como valentões, mas saíram ronronando como gatinhos ou gemendo como um Fusca 87 necessitado de um novo alternador. 'Pode acreditar que vencemos a Alemanha?', disse o técnico croata Miroslav Blazevic, fumando como uma chaminé. 'Ninguém derrotou a Alemanha desse jeito. Não como hoje.'

Acredite. Num sábado inesquecível, os croatas enfiaram 3 a 0 pela garganta dos alemães, mergulhando a Copa do Mundo numa incógnita e tornando definitivamente inúteis todos os Atlas anteriores a 1991. Esse país minúsculo, novo e antes não identificável, cuja população total (4,7 milhões) é inferior ao número de jogadores de futebol registrados na Alemanha (6,2 milhões), foi a zebra desta Copa e talvez das últimas três ou quatro."

(Abertura da reportagem de John P. Lopez publicada no *Houston Chronicle* e veiculada no *site* Uol no dia 9 de julho de 1998. Tradução de Luiz Roberto Mendes Gonçalves.)

Eu, pecador, confesso...

Disse há pouco:

— Se você faz jornalismo, não invente nada. Nadinha. É proibido inventar.

Lamento informar, mas já inventei. E mais de uma vez.

(Se quiser substituir "invenção" por "mentira", faça-o. Estou com pena de mim. E jornalista deve ser justo e impiedoso com os outros e, especialmente, consigo mesmo.)

No final de julho de 1967, quando eu era repórter do *JB* fazia seis meses e estava há dois do *Diário de Pernambuco*, um crime passional estremeceu a ainda pacata cidade do Recife. Alfredo Cantalice, 27 anos, filho de um major reformado do Exército, foi sequestrado e morto com três tiros. Namorava Marluce Alves Lima, 19 anos, filha de família pobre, mãe solteira e secretária de uma loja que vendia pneus.

Aos 15 anos Marluce arranjara emprego de telefonista na imobiliária do empresário Inácio Miranda — um homem de mais de 50 anos, rico, separado da mulher e temido por seu temperamento violento. Vivia cercado de capangas.

Aconteceu o previsível: Inácio apaixonou-se por Marluce e convidou-a para morar com ele. No início ela não quis. Por fim, cedeu. Os pais dela se opuseram. Com 17 anos, fugiu com Inácio para Salvador, onde chegou às vésperas do carnaval.

A folia durou uma semana — fora e, principalmente, dentro de um quarto do luxuoso Hotel da Bahia, no Largo do Campo Grande. Procurado pela polícia, o casal voltou ao

Recife e foi morar numa confortável casa do bairro Jardim São Paulo.

Inácio foi processado por ter raptado uma menor. (Subornou tanta gente que o processo emperrou.) Marluce engravidou, pariu uma menina e dois anos depois abandonou Inácio, que fazia tempo já tinha perdido o interesse por ela. Reconciliada com os pais e vivendo de novo com eles, conheceu Alfredo, gostou dele e começou a namorá-lo.

Foi a desgraça de Alfredo – e a dela também.

Sem saber, Marluce violara o rigoroso código de honra do macho nordestino. Inácio podia não querer mais viver com ela – tinha esse direito. Mas como mãe de sua filha, ela não tinha o direito de envolver-se tão cedo com outro homem.

Inácio fez tudo para que Marluce se afastasse de Alfredo. Ameaçou a vida dela mais de uma vez. Ameaçou tomar-lhe a filha. Ameaçou a vida de Alfredo. Por fim, mandou matá-lo. Mais tarde seria julgado, condenado e amargaria anos na cadeia.

Quer melhor história para vender jornal – ontem, hoje ou amanhã?

Tanto quanto hoje, jornalistas naquela época costumavam "esquentar" histórias. No dizer do poeta popular Antônio da Mulatinha, inventava-se "de oitiva alguma coisa, uns detalhes, uns troços", e o jornal (assim como o folheto em versos) vendia tanto quanto os biscoitos Globo nas praias do Rio de Janeiro.

Ninguém me dissera ainda que era pecado mortal "esquentar" histórias. (Não me lembro se alguém me disse isso um dia ou se descobri sozinho.)

De resto, a primeira notícia que publiquei no *JB*, em 1967, fora reescrita no Rio e, para meu espanto, servida aos leitores pegando fogo. Escrevi que "há dois dias uma praga de percevejos inferniza a vida dos moradores do bairro do Ibura, no Recife". Saiu assim:

> "Um aguerrido exército de percevejos, a exemplo dos holandeses do século XVII, invadiu o Recife e está lutando casa por casa no bairro do Ibura contra uma população que começa a fugir desordenadamente."

Um escandaloso exagero! E logo no *JB*, o mais respeitado jornal do país!

Ora, se era possível exagerar no *JB*, por que não o seria no *Diário*, o jornal "mais antigo em circulação na América Latina"?

Descrevi no *Diário* o enterro e a missa de sétimo dia de Alfredo. E em seguida procurei Marluce, para convencê-la a me dar uma entrevista exclusiva. Tinha uma vantagem sobre os demais repórteres: ela era prima de Ana Margarida, minha primeira namorada, e me conhecia havia pelo menos três anos.

Poderia apenas ter publicado o que ela me disse na base de pergunta e resposta ou como texto corrido. Mas, não. Calculei que as declarações dela produziriam impacto maior se apresentadas na forma de um diário. Se pudesse qualificar o diário de "secreto", ainda melhor. E se ele fosse publicado em capítulos, aí seria um estouro.

Marluce concordou com a ideia. E me ditou suas memórias — do dia em que conheceu Inácio à hora em que soube da morte de Alfredo.

Escrito na primeira pessoa como todo diário que se preza, o falso "Diário secreto de Marluce Alves Lima, pivô do Caso Cantalice" foi publicado em três edições consecutivas e reforçadas do jornal. Não sobrou um só exemplar nas bancas.

* * *

Você deve ter notado que admiti uma mentira ao contar, em capítulo anterior, os bastidores da reportagem sobre a desova das tartarugas-gigantes da Amazônia.

Tudo bem que não cheguei a apresentar bolas de pingue-pongue como se fossem ovos de tartarugas — embora estivesse pronto para fazê-lo. Mas ajudei a cavar buracos, amarrar patas de tartarugas, pôr cada uma em seu respectivo lugar, enfim, a montar a cena da desova fotografada e exibida em duas páginas da *Manchete*.

Os leitores da revista não foram advertidos de que estavam diante de uma simulação. Por mais real que parecesse, era uma simulação. Foram enganados, pois. E leitores não gastam seu suado dinheirinho para serem enganados.

E por que foram?

Porque quando trabalhava na *Manchete*, não via nada demais em forjar uma situação possível de acontecer só para que ela pudesse ser fotografada. Até hoje as tartarugas desovam do jeito que a revista mostrou. E continuarão desovando.

Sem medo de ser injusto, digo que todos ou quase todos os repórteres e fotógrafos da *Manchete* pensavam da mesma maneira. Infelizmente, tem muito fotógrafo solto por aí que ainda pensa assim. E muito repórter também.

Manchete publicava pelo menos três gêneros de fotografia: o flagrante, a pose e a montagem.

O flagrante é a cena registrada no momento em que ela acontece. É a foto jornalística — ouro puro.

A pose é a fotografia tipo álbum de família. Quem está sendo fotografado olha para a câmera ou para algum ponto sugerido pelo fotógrafo. E o leitor não tem dúvida de que aquela é uma fotografia posada.

A fotografia montada é a que reproduz quase sempre uma situação crível. Mas é uma fraude porque foi montada. E porque ninguém avisa aos leitores que foi.

Certa vez, em Aracati, a primeira capital do Ceará, eu e Tadeu Lubambo estávamos desanimados porque nada havia de original para ser fotografado ali. A reportagem era sobre a beleza das cidades históricas do Nordeste. Tínhamos passado por Salvador e Cachoeira, na Bahia, Laranjeiras e São Cristóvão, em Sergipe, Penedo, em Alagoas, e Olinda, em Pernambuco.

Tudo que havia em Aracati tinha sido fotografado antes por Tadeu em qualquer uma dessas cidades — velhos azulejos, velhas igrejas, velhas casas, velhas ruas estreitas de aparência colonial, enfim, essas coisas velhas...

Foi quando vi um velhinho de cabelos brancos na janela de uma casa.

— Já fotografamos um na janela em Laranjeiras — esquivou-se Tadeu.

Na hora em que Tadeu disse isso, passou um rapaz de bicicleta carregando uma tuba. Nada é mais plástico e fotografável do que uma tuba. A tuba estava sendo levada para o ensaio da orquestra filarmônica de Aracati. E reluzia de tão nova.

— E se o velhinho estivesse na janela olhando outro velhinho tocando tuba na calçada, sentado numa cadeira de balanço dessas com fundo de palhinha? — provoquei.

— Aí eu topo.

Foi moleza.

Consegui a tuba, uma cadeira de balanço com fundo de palhinha e outro velhinho para compor a cena. O dito velhinho nunca abraçara uma tuba.

Difícil, dali a alguns dias, seria convencer o bispo de Oeiras, a primeira capital do Piauí, a deixar que removêssemos de sua igreja uma imagem de Jesus morto de dois metros de comprimento que havia uma década jazia em paz. No passado, ela saíra em procissões — mas, por ser antiga e frágil, ninguém mais ousara tocá-la.

Invoquei para o bispo minha condição de sobrinho de Dom José de Medeiros Delgado, então arcebispo de Fortaleza. Disse que meu tio mandara procurá-lo. Beijei seu anel em sinal de respeito e submissão. O coração do bispo, afinal, fraquejou. A imagem foi deitada na frente da igreja, sobre um elevado de madeira. E fotografada com a igreja ao fundo.

No caso, a fotografia não enganou ninguém. Seria impensável que o Jesus de Oeiras repousasse para sempre às portas de uma igreja.

Muito diferente de outra fotografia que — essa, sim — enganou todo mundo — editores da *Manchete*, leitores, governo e censura.

* * *

Em sua edição de número 933, de 7 de março de 1970, a revista publicou, nas páginas 56 e 57, uma primorosa fotografia em preto e branco de Dom Hélder Câmara na companhia de duas crianças. Ele era tido pelo governo como ardiloso inimigo da ditadura instalada no país desde 1964. Os militares o apelidaram de "Arcebispo Vermelho". E a imprensa mal podia mencionar seu nome.

Ao me tornar repórter da sucursal do *JB* em fevereiro de 1967, eu fora destacado para, preferencialmente, cobrir todos os passos de Dom Hélder. A condessa Pereira Carneiro, dona do jornal, era amiga dele. Se Dom Hélder desse um espirro, virava notícia no *JB*. E bispo algum "espirrava" tanto e tão forte quanto ele.

Ganhei a confiança do Dom (era assim que o pessoal próximo dele o tratava) porque fui mais seu amigo do que amigo dos leitores. Nada escrevi que pudesse embaraçá-lo. E tudo que escrevi sempre o deixou muito bem.

Como ele – mas bem menos do que ele –, eu ia à missa e comungava. E tanto quanto ele, eu queria ver a ditadura no chão.

Não foi tão difícil para mim, pois, obter a fotografia que seduziu os editores da *Manchete* e enfureceu os militares.

Imagine a cena.

Numa rua deserta, sob a sombra projetada na calçada pela copa de uma árvore, Dom Hélder se inclina na direção de duas crianças que avançam ao seu encontro. Ele abre os braços com as mãos côncavas no instante exato em que se prepara para abraçá-las. E exibe um sorriso doce, radiante e espontâneo.

Iluminado pela claridade das primeiras horas da manhã, o sorriso é o ponto forte da cena – embora toda ela pareça ter sido fabricada para aumentar o eleitorado do arcebispo.

A criança à esquerda de Dom Hélder é uma menina de cinco ou seis anos. A da direita é um menino da mesma idade. A menina usa um vestido estampado. O menino, uma calça curta branca e camisa cinza.

Quem examina a fotografia vê as crianças de costas quase coladas ao peito do arcebispo – e, portanto, fica face a face com ele. Como se por ele também pudesse ser abraçado.

A cena é movimentada. As crianças estendem os braços para tocar em Dom Hélder. O pé esquerdo da menina está suspenso no ar. A mão direita do menino quase alcança o ombro esquerdo do arcebispo.

Publicada sob o título "Dom Hélder – Um instante bíblico", a fotografia foi acompanhada de um texto-legenda escrito pelo redator Narceu de Almeida. Ele diz:

"É bastante raro que um fotógrafo consiga reunir na mesma foto, a um só tempo, elementos como a espontaneidade, a beleza, o movimento, o interesse jornalístico e a riqueza do símbolo – e foi exatamente isso o que fez no Recife, com o trabalho ao lado, o profissional Carlos Weick, da sucursal de *Manchete*. Ao captar a irresistível alegria de Dom Hélder Câmara no encontro com duas crianças, ele sugere imediatamente legendas de inspiração bíblica, a mais óbvia das quais é a referência a 'Deixai vir a mim as criancinhas'."

No livro *Dom Hélder, o Bispo da Esperança*, publicado em 1978 pela editora Graal, o jornalista Marcos de Castro registrou o episódio na página 23:

"Eu trabalhava na *Manchete* em 1970 quando a revista recebe da sucursal do Recife uma foto maravilhosa de Dom Hélder. (...) Profissional de visão, seu então editor, Zevi Ghivelder, viu que não podia perder tal foto, embora não houvesse nenhum gancho – para usar o jargão jornalístico – que justificasse a publicação naquela semana. Mas, no caso, bastava a foto. A foto falava por si. Ela teve a maior repercussão.

No dia seguinte ou dois dias depois da publicação, um dos diretores da empresa, Murilo Melo Filho, foi chamado ao Ministério do Exército. Quando Murilo voltou, foi rodeado pelos redatores e contou que estivera reunido numa sala com alguns coronéis, e que as recomendações tinham sido várias.

– Mas e Dom Hélder? – perguntaram os redatores.

Dom Hélder ocupara realmente boa parte da conversa, explicou Murilo, contando que um dos coronéis, o da cabeceira da mesa, encerrou o assunto assim:

— Olha, doutor, desse arcebispozinho comunista a revista não deve publicar mais nada, hein! Nem contra!"

Estávamos em março de 1970. Dali a dois meses, diante de 10 mil pessoas em Paris, Dom Hélder denunciaria a prática de torturas no Brasil contra presos políticos. Em agosto, a instrução que o coronel dera ao diretor da *Manchete* virou ordem oficial da censura para toda a imprensa: proibia-se a publicação de qualquer notícia a respeito do arcebispo de Olinda e Recife. A ordem vigorou por exatos sete anos.

* * *

A menina da fotografia com Dom Hélder era filha da empregada da casa dos meus pais. Nunca mais tive notícias dela. O menino é meu irmão caçula, Pedro Luiz, economista e funcionário, em Brasília, do Ministério do Planejamento.

A fotografia foi montada para satisfazer um desejo do jornalista Ronald Carvalho, então chefe da redação da sucursal da *Manchete* no Recife.

— Precisamos pôr Dom Hélder nas páginas da revista — disse-me Ronald no início de fevereiro de 1970.

— Você está maluco? A censura não deixa. E a *Manchete* não tem peito para desafiar a censura — respondi.

— A revista não resiste à tentação de publicar uma bela foto. Vá por mim. Tente fazer — insistiu Ronald.

— Mas fazer como? O fotógrafo vai ficar atrás de Dom Hélder até o dia em que "aparecer" uma grande foto?

— Não sei. Pense. Dê um jeito.

Ronald se sentia em débito com o arcebispo por causa do batizado do seu filho Sérgio e do padrinho que escolhera para ele.

Sérgio nascera no Recife em março de 1969 e fora batizado um mês depois. O padrinho dele atendia pelo nome de Sérgio, tinha Miranda de Carvalho no sobrenome, era conhecido como Sérgio "Macaco" e estava preso desde dezembro de 1968 no Hospital da Aeronáutica do Recife.

O batismo ocorreu às escondidas, no quarto de dormir de Dom Hélder. O padrinho compareceu depois de escapar da prisão com a cumplicidade de alguns amigos. Terminada a cerimônia, voltou à prisão.

Ronald conhecera o futuro padrinho do seu filho em outubro de 1968, no Parque Nacional do Xingu, na Amazônia. Fora até lá fazer uma reportagem para a revista *Fatos & Fotos*.

Sérgio Miranda de Carvalho era capitão-aviador e líder do Parasar, tropa de elite da Aeronáutica especializada em busca e salvamento. Metera-se desde meados de 1968 no caso mais rumoroso da história da Aeronáutica.

O brigadeiro João Paulo Burnier, chefe de gabinete do ministro da Aeronáutica, planejara explodir o gasômetro do Rio de Janeiro, culpar os adversários do regime pelo ato terrorista, prender algumas dezenas deles e jogá-los de helicóptero em alto-mar. Para isso queria usar o Parasar. Pensava que assim salvaria o Brasil do comunismo.

O plano do brigadeiro foi para o espaço porque Sérgio "Macaco" o denunciou. Burnier não foi punido. Sérgio foi preso no Rio, transferido para o Recife e mais tarde afastado da Aeronáutica.

Conheci-o numa das vezes em que visitou Ronald na sucursal. O regime de prisão dele era meio frouxo.

— Por causa do senhor, estou tendo muito trabalho — brinquei.

— De mim, não. De Dom Hélder. Mas ele merece — replicou.

Carlos Weick e eu seguimos Dom Hélder por toda parte durante três semanas — e nada de pintar uma fotografia que valesse a pena.

— E aquela da freirinha emocionada olhando para o "Dom"? — perguntei.

— Está desfocada — desculpou-se Weick.

— E a fotografia dos meninos catadores de lixo com o arcebispo ao fundo?

— Os meninos são feios e estavam imundos. Só se você quiser que seu Adolpho coma os negativos. (O dono da *Manchete* rasgava negativos com os dentes quando detestava as fotos. Miséria e miseráveis só saíam na revista se parecessem bonitos.)

— Então o jeito será montar uma foto — concluí.

Foi fácil conceber a fotografia. Tive o estalo quando vi em casa Pedro Luiz e a filha da empregada correrem para abraçar minha mãe que chegava do trabalho.

Menos fácil foi convencer Dom Hélder a colaborar.

— E se alguém souber que fizemos isso? — perguntou quando lhe expus a ideia na sala de sua casa e diante de Zezita, a secretária dele.

— Ninguém saberá, Dom. Somente o senhor, eu, o fotógrafo e agora Zezita. (Zezita era tão mal-humorada quanto tia Sunila.)

— E se alguém nos vir na rua fazendo essa encenação? — insistiu.

— A gente faz bem cedinho. E faz tudo rápido.

Dom Hélder pediu tempo para pensar. E dois dias depois me disse sim.

Na véspera da encenação, gastei mais de uma hora em casa ensinando as crianças a correrem na mesma velocidade. Fracassei. Soava falso.

Bati à porta de Dom Hélder às sete horas da manhã. Weick ficou na esquina da rua, junto com as crianças.

Levei o arcebispo até o ponto que Weick escolhera, a poucos metros de distância da porta da igreja de Nossa Senhora das Fronteiras. Reuni-me com as crianças e dei a última instrução:

— Não corram muito ligeiro.

Weick me disse que estava pronto.

Olhei Dom Hélder parado em seu lugar, e ele me olhava muito sério.

— Vai ser agora — gritei para que me ouvisse.

Então me acocorei atrás das crianças e ordenei:

— Corram.

Elas correram mais rápido do que deveriam. Weick só pôde clicar sua Nikon duas vezes.

Quis repetir a cena, com receio de que as fotos não tivessem ficado boas. Dom Hélder não quis. Despediu-se das crianças e voltou para casa com seu passinho miúdo.

* * *

Disse e repito:

— Se você faz jornalismo, não invente nada. Nadinha. É proibido inventar.

O bom jornalista é uma pessoa dotada de grande imaginação. Mas a imaginação dele deve estar a serviço da busca da verdade — ou de algo que possa honestamente ser apresentado como tal. (A imaginação do ficcionista está a serviço do deleite.)

O público acredita (ou quer acreditar) no que o jornalista diz porque parte do pressuposto de que ele diz (ou tenta dizer) a verdade.

A credibilidade é o único bem do jornalista.

É difícil conquistá-la, muito difícil.

Perdê-la é fácil. Só é.

O que pensariam de mim os leitores do *Diário* se tivessem sabido à época que eu inventara o "diário secreto" de Marluce? Continuariam lendo o que eu escrevesse? Creio que não. Se lessem, não confiariam.

E os leitores da *Manchete* informados acerca da fotografia montada de Dom Hélder com as crianças — o que pensariam eles de mim e do arcebispo?

No caso, aceitariam a desculpa de que tudo vale a pena se o objetivo é causar danos a uma ditadura?

Duvido que aceitassem. Ninguém gosta de ser enganado.

Fui mais amigo do arcebispo do que dos leitores, quando é dever do jornalista ser amigo dos leitores e indiferente ao resto.

Quem me mantém é quem me lê e acredita no que escrevo. Não é quem assina minha carteira de trabalho. Muito menos quem me informa.

Antes de dar por findo este ato de expiação dos meus pecados, digo que uma coisa é mentir, outra é errar.

Minto se quiser. Erro sem querer.

O público perdoa o erro; a mentira, não.

Se errar e descobrir que errou, confesse. (O pior que pode acontecer é você ser apontado como exemplo de jornalista correto.)

O erro inconfesso é igual à mentira.

ARQUIVO PESSOAL

Recife, 1967, sucursal do *JB*. Sentados, Nagib, meu primeiro chefe, e Maria Eunice, namorada dele.

CARLOS WEICK/ARQUIVO PESSOAL

Recife, 1969, a cena forjada que irritou os militares.

ARQUIVO PESSOAL

Garimpo no sul do Pará, 1981, com Irmo Celso, fotógrafo da *Veja*.

EDITORA ABRIL – IMAGENS

Piracicaba, 1981, ao lado de um
delegado ao congresso da UNE.

EDITORA ABRIL – IMAGENS

Brasília, 1982, com Dom Hélder Câmara.

ARQUIVO PESSOAL

Sucursal do *JB* em Brasília, 1984: Cléber Praxedes, Célia De Nadai, Eliane Cantanhêde e Geraldo Moura (sentado).

ARQUIVO PESSOAL

Lançamento do livro *O complô que elegeu Tancredo*, 1985.
Com Carlos Castelo Branco (de pé) e Gilberto Dimenstein.

ARQUIVO PESSOAL

Sessão da Constituinte, 1988,
com o senador Fernando Henrique Cardoso.

ARQUIVO PESSOAL

Em Havana, 1988,
com o presidente Fidel Castro.

EMPRESA BRASILEIRA DE NOTÍCIAS (EBN)/ABR

Caracas, 1988, com jornalistas brasileiros e os deputados
Aécio Neves e Roberto D'Ávila (ao centro).

ARQUIVO PESSOAL

Lançamento do livro *Céu dos favoritos*, 1990, Rio, com o ator Mário Lago.

ANA CAROLINA FERNANDES

Com o deputado alagoano José Thomás Nonô, com quem me acham parecido.

ARQUIVO PESSOAL

Seminário de *marketing* político em Luanda, 1991, com o publicitário Geraldo Walter (sentado) e o deputado Jayme Santana.

WANDERLEI POZZEMBOM/CORREIO BRAZILIENSE

Militante do PT com exemplar do *Correio Braziliense* de 1994 exibindo a pesquisa que apontava a vitória de Cristovam Buarque para governador de Brasília.

ERALDO PERES/CORREIO BRAZILIENSE

Mudou o Exército ou mudei eu? Mudamos. Brasília, 1995.

ARQUIVO PESSOAL

Com Adolpho Bloch, fundador da revista *Manchete*, 1996.

ZULEIKA DE SOUZA/CORREIO BRAZILIENSE

Com o arquiteto Oscar Niemeyer, 1996.

RAIMUNDO PACCÓ

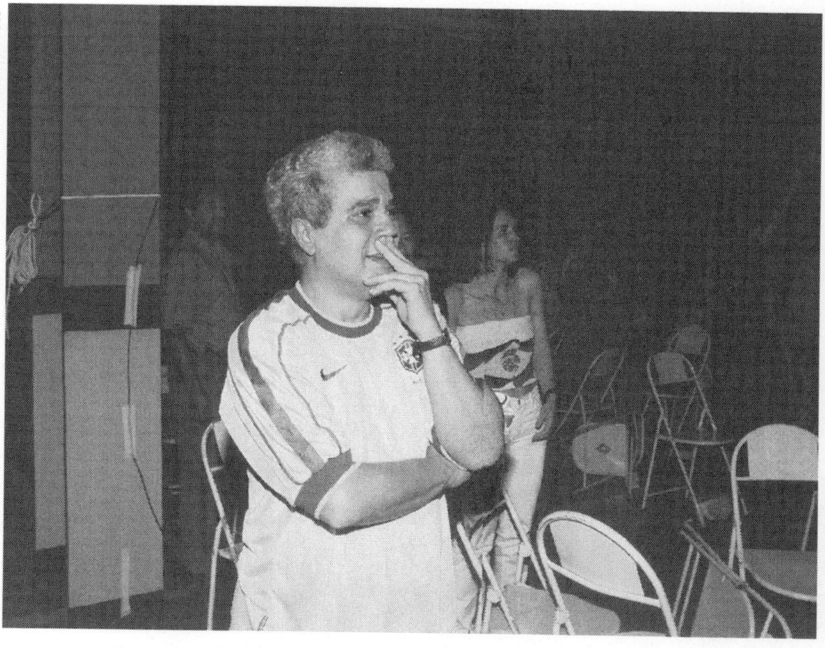

Copa do Mundo de 1998 pela televisão na garagem do jornal:
choro pelo sonho adiado da conquista do penta.

JORGE CARDOSO/CORREIO BRAZILIENSE

Como mediador do debate entre os candidatos ao governo do Distrito Federal, Joaquim Roriz e Cristovam Buarque, 1998.

ACÁCIO PINHEIRO/CORREIO BRAZILIENSE

Reunião com o conselho de leitores do suplemento infantil "Este é Meu", do *Correio Braziliense*, 1999.

RAIMUNDO PACCÓ

Com o presidente Fernando Henrique Cardoso
e o primeiro-ministro alemão Helmut Kohl, 1999.

LUIZ PRADO/CORREIO BRAZILIENSE

Com Marília Gabriela, em 2000, ao receber o Prêmio de Editor do Ano,
concedido pelo Instituto Ayrton Senna.

JEFFERSON RUDY/CORREIO BRAZILIENSE

Com o senador Antônio Carlos Magalhães e o presidente do *Correio Braziliense*, Paulo Cabral, 2000.

JOSÉ VARELLA/CORREIO BRAZILIENSE

Na redação, em 2000, a poucos dias do primeiro número do *Correio* com nova programação visual. Com Chico Amaral (sentado) e, a partir da esquerda, Varilandes Jr., André Petry e Antonio Piqué, da Universidade de Navarra.

JOSÉ VARELLA/CORREIO BRAZILIENSE

Com Paulo e João Cabral, na assembléia-geral dos associados da ANJ, 2000.

ARQUIVO PESSOAL

Um parente distante montou em Salvador um negócio mais lucrativo do que o meu.

FÁBIO MOTTA/AGÊNCIA ESTADO

Com Anamaria Rossi, Rudolfo Lago e Antônio Vital, que ganharam em 2000 o Prêmio Esso de Jornalismo.

ARQUIVO PESSOAL

No *Correio Braziliense*, com o candidato Lula, 2002.

ARQUIVO PESSOAL

Lançamento do livro *A arte de fazer um jornal diário*, Rio, 2002. A turma da *Manchete*: Carlos Humberto TDC, Ana Nascimento, Ateneia Feijó, João Luiz de Albuquerque e Deborah Berman.

RAIMUNDO PACCÓ

Com José Negreiros e Armando Mendes no *Correio Braziliense*: os três patetas.

RAIMUNDO PACCÓ

Outubro de 2002: reunião com a redação do *Correio Braziliense* para comunicar minha saída do jornal.

RAIMUNDO PACCÓ

Com Paulo Cabral, presidente do *Correio Braziliense*, em 2002.

De cueca, na Bahia

Você já foi à Bahia? Não? Então vá.

Mas evite passar muito tempo, para não correr o perigo de se encantar com o lugar e de nunca mais querer deixá-lo.

Escapei da Bahia por pouco. E não sei se fiz bem em escapar.

Fui para Salvador em 1978 chefiar a sucursal da *Veja*, depois de ter sido repórter da revista durante um ano na sucursal do Recife.

Quando me vi, no carnaval de 1980, vestido somente com uma cueca Zorba e pulando feito um louco no Baile dos Artistas do Teatro Vila Velha, concluí que estava na hora de pegar rapidinho um avião e me picar dali.

Um dos sequestradores do embaixador norte-americano Charles Elbrick, o jornalista Fernando Gabeira, voltara do exílio sob o manto da anistia promulgada pelo presidente da República, general João Baptista Figueiredo.

Gabeira chocara meio mundo, no verão de 1979, ao lançar em Ipanema a moda de ir à praia trajando uma microscópica tanga de crochê.

Eu não tinha fantasia para ir ao baile — e era obrigatório o uso de fantasia. Fui de cueca Zorba, a mais recente invenção da indústria de cuecas. E tive de ouvir comentários do tipo "Está querendo imitar o Gabeira, né?"

Era só o que faltava!

Desembarcara na cidade com uma carta escrita por Dom Hélder Câmara me apresentando a Dom Avelar Brandão Vilela, cardeal da Bahia, como "o amigo certo das horas incertas". Quer dizer: um cidadão, no mínimo, respeitável.

E agora o xodó de um bando de tias velhas, candidato a cobrir a política nacional em Brasília com a gravidade por ela requerida em vez de observar tudo a distância, estava entregue à esbórnia, no sentido mais escandaloso do termo.

Na Bahia tomei os dois únicos porres da minha vida – um deles de licor. Nunca bebera antes, a não ser alguns goles de vinho de missa.

O carnaval de 1980 entrou para a História como o da abertura política. O regime militar agonizava. Baixaria à cova com a eleição do presidente Tancredo Neves em janeiro de 1985 e a posse do vice José Sarney três meses depois. Tancredo morreu sem ter governado um só dia.

A *Veja* cogitou dedicar sua reportagem de capa ao carnaval de Salvador, famoso por durar uma semana e atrair milhares de turistas.

Desistiu quando recebeu o material que lhe enviamos – eu, o repórter Bob Fernandes e o fotógrafo Luciano Andrade. O material era indigesto para uma revista paulista e bem-comportada como ela. Se *Veja* fosse editada no Rio de Janeiro, talvez o material tivesse sido publicado.

E por que não foi?

Porque falava de sexo grupal praticado no meio da rua por um animado grupo de 13 pessoas; de desodorante Avanço cheirado até o último tubo na praça Castro Alves, à falta do que mais houvesse para cheirar; e da sem-cerimônia do prefeito Mário Kértesz no trato com mulheres de todas as cores, credos e classes sociais – desde que bonitas e assanhadinhas.

Ora, mas se todas essas coisas compunham um retrato bastante nítido do que se passara em Salvador naquele e em outros carnavais, não nos cabia omiti-las ou rebaixá-las a um segundo plano, não é mesmo? Ou cabia?

Acreditava naquela ocasião – e ainda acredito quase 25 anos depois – que repórter tem mais é que contar o que viu e do jeito que viu. Não deve sacrificar sua verdade para agradar a chefes nem leitores.

Só que, na *Veja*, àquela altura predominava um viés do jornalismo danoso a certos fatos. De preferência, eles deveriam corresponder às expectativas dos editores da revista. Do contrário, arriscavam-se a ser desprezados ou retocados para, no final, corresponder.

O "centralismo democrático" da publicação mais inovadora do país era o que havia de mais antigo na imprensa nacional. Deixava no chinelo o centralismo de origem soviética. (É claro que exagero. *Pero no mucho*.)

Dali a dois ou três anos eu veria Elio Gaspari, diretor adjunto da revista, encomendar a resenha de um livro a Augusto Nunes, editor da seção Brasil. E depois tentar convencer Augusto de que ele errara ao avaliar o livro.

– Mas eu li o livro todo, Elio, todinho – argumentou Augusto, autor do texto final de 125 reportagens de capa da *Veja* entre 1973 e 1986.

– Mas eu li também. E você está errado.

– Mas a resenha de um livro reflete a opinião de quem o resenhou, e essa é a minha opinião.

– Pode ser, mas sua opinião está simplesmente errada.

Não tive chance de formar uma opinião madura sobre Antonio Carlos Magalhães nos dois anos em que trabalhei para *Veja* na Bahia. Primeiro, porque ele era fonte de informação exclusiva de Elio, e eu não precisava procurá-lo a miúdo. Segundo, porque o dono da *Veja*, Victor Civita, insinuara com antecedência e sutileza o que eu deveria pensar a respeito dele.

Civita era um homem alto, gentil, otimista e sempre sorridente. Nascera em Nova York em 1907, chegara ao Brasil com 42 anos de idade e criara o maior conglomerado editorial e gráfico da América Latina a partir do lançamento, em 1950, da revista *O Pato Donald*. Ao morrer, com 83 anos, deixou 130 publicações, que atingiam a marca anual de 150 milhões de exemplares.

Ousava como nenhum outro empresário do seu ramo jamais ousou por aqui. Se uma de suas revistas ia mal de vendas, mas se ele acreditasse no futuro dela, bancava o prejuízo e tocava em frente. Foi o caso da *Veja*. Ele profetizou quando viu sua tiragem despencar entre o primeiro e o quarto números: "A revista está certa e os leitores, errados." Não era bem assim, mas tudo bem.

Animava jornalistas e executivos com uma frase que se tornaria sua marca: "O pato paga." Referia-se à alta rentabilidade da revista *O Pato Donald*, uma espécie de Casa da Moeda da Editora Abril.

O "pato" pagou contas da *Veja* por muitos anos. E, no final dos anos 70, contribuiu para que Civita diversificasse seus negócios investindo na construção de hotéis no litoral nordestino. O de Salvador estava quase pronto no segundo semestre de 1978, quando conheci Civita e o acompanhei em um passeio de escuna pela Baía de Todos os Santos. Guardei o diálogo que tive com ele naquele dia ensolarado:

— O que você acha de Antonio Carlos? — perguntou-me.

— Ainda não deu para achar, Dr. Victor. Só estive com ele uma ou duas vezes.

— Antonio Carlos é um político polêmico, mas já fez muito pela Bahia. É nosso amigo, você sabe...

— É, eu sei.

— Trate-o bem.

— Pode deixar.

— Se um dia lhe disserem que ele desfilou nu no Pelourinho, não acredite.

— Não acreditarei.

— Se lhe mostrarem uma fotografia dele nu no Pelourinho, desconfie.

— Farei isso.

— Mas se você vir Antonio Carlos nu no Pelourinho, nos avise.

— Avisarei.

Nunca vi nem soube que Antonio Carlos tivesse desfilado nu por qualquer bairro de Salvador. Soube que um dia ele esmurrou o rosto de Barbosa Romeu, ex-chefe da Casa Civil do seu primeiro governo. Quem me contou foi o próprio Barbosa, homem culto, especialista em cinema italiano e, nas horas vagas, redator de cartas anônimas distribuídas por Antonio Carlos contra eventuais desafetos.

Mas se um fato importante acontecia na Bahia e eu me apressava a avisar a direção da *Veja*, Antonio Carlos já o fizera. Ele sempre me furava. E como era "repórter" da revista há mais tempo do que eu, sua versão prevalecia.

Prevaleceu, por exemplo, quando morreram dois tenentes baleados em meio a uma greve da Polícia Militar, no primeiro trimestre de 1980. Bob Fernandes apurou que eles foram mortos por policiais designados para reprimir a greve. Antonio Carlos apurou que eles foram mortos por policiais em greve.

Sem precisar — nem poder — pegar no pé de Antonio Carlos e, em compensação, sem tê-lo interessado em pegar no meu, acabou sendo divertida e suave a temporada que passei na Bahia antes de seguir viagem com destino a Brasília.

Reverenciei Mãe Menininha do Gantois, o maior nome do candomblé baiano, e ela me deu sábios conselhos.

Entrevistei Madre Teresa de Calcutá, mais tarde Prêmio Nobel da Paz, e confirmei a suspeita de que era uma chata.

Reuni-me com Luiz Carlos Prestes, o legendário chefe do Partido Comunista Brasileiro, e o vi agir como se a polícia ainda estivesse em seu encalço.

Conversei com Maria Schneider, estrela do filme *O último tango em Paris*, e renunciei ao que pensara em lhe propor se um dia a encontrasse. A sensual Schneider da tela na vida real era magra, feia, detestava banho e tinha mau hálito. Fora o lance da manteiga, não sei o que Marlon Brando viu nela.

Na escola da *Veja*

O que havia de mais previsível dentro da *Veja* nos anos 80 era o comportamento do tarugo, segundo seu descobridor, o jornalista Elio Gaspari.

O tarugo amanhecia às segundas-feiras encostado à parede dos fundos da redação, no sétimo e calorento andar do prédio da Editora Abril, na Marginal do Tietê, em São Paulo. Seu objetivo era sair na *Veja*.

Não tinha preferência por página nem brigava por espaço. Para ele, servia até mesmo um cantinho na seção Gente ou na seção Datas.

Se um editor podia encomendar uma reportagem na manhã da segunda-feira mas só o fazia no fim da tarde, o tarugo se agitava e dava dois passinhos no corredor estreito e comprido que separava as editorias.

Se o repórter encarregado da encomenda só começava a se preocupar com ela a partir do dia seguinte, o tarugo avançava mais alguns metros.

Parte da revista fechava suas páginas entre a noite de quarta-feira e a madrugada de quinta. A outra parte fechava até a manhã de sábado.

Eu morava com Rebeca e André, meu primeiro filho, no bairro de Perdizes, a 20 minutos de carro da sede da editora. Deixara a Bahia em abril de 1980 para ser editor assistente de política da *Veja*.

Até aquela data, nada ouvira falar sobre o tarugo. Ou, pelo menos, não o conhecia por esse nome. Foi Elio quem me chamou a atenção para ele:

— A todo custo, é preciso impedir que o tarugo tome o elevador, se infiltre na gráfica e acabe estampado nas páginas da revista.

O tarugo apertava o botão chamando o elevador no momento em que a reportagem mal apurada pelo repórter caía nas mãos de algum editor sobrecarregado.

Se a reportagem defeituosa baixava para impressão, o tarugo a acompanhava sem fazer alarde. Nem piscava. Tarugo é um bicho dissimulado e discretíssimo.

Na segunda-feira pela manhã, durante a reunião semanal dos editores, a voz encolerizada de alguém proclamava mais uma vez o triunfo do tarugo:

— Vocês viram que merda foi publicada?

("Alguém" é modo de dizer. Só a maior autoridade de uma redação ou seus adjuntos denunciam as vitórias do tarugo. O resto finge que não viu.)

— Quem publicou essa merda? — indagava a voz ante um silêncio antártico.

A *Veja* contava com o melhor time de jornalistas da imprensa brasileira — José Roberto Guzzo, Elio Gaspari, Dorrit Harazim, Augusto Nunes, Ricardo Setti, Carmo Chagas, Geraldo Mayrink, Oswaldo Martins, Dias Lopes, Roberto Pompeu de Toledo, Pedro Martinelli, Zuenir Ventura, Hélio Teixeira e Luiz Cláudio Cunha, entre tantos outros. Pois o tarugo conseguia derrotá-los vez por outra.

A sina do jornalista, aqui ou em Abu Dhabi, é lutar contra o tarugo. Por isso ele joga mais informação no lixo do que no ar ou nas páginas de um jornal ou revista.

Quanto menos tempo tiver para processar a informação, mais errará.

Mas nem todo o tempo do mundo evitará o erro. Que se alimenta, em parte, da dificuldade existente dentro das redações de se identificar seu verdadeiro responsável.

O erro jornalístico costuma ter muitos responsáveis — fontes externas de informações, o autor da matéria, o editor que a leu, o diagramador que a pôs na página. Ter muitos significa com frequência não ter nenhum. E, assim, na maioria das vezes o erro escapa impunemente e se multiplica.

Na *Veja*, segunda-feira era dia de planejar a edição da semana seguinte. Mas era também o dia do "não fui eu".

— Não, não fui eu que deixei sair essa merda.

— Nem eu.

— Nem eu.

Enquanto isso, gordo e pachorrento, o tarugo tudo observava a prudente distância e com um indisfarçável ar de enfado.

* * *

Interrompo o relato sobre meus últimos anos na *Veja* para transcrever o curioso e instrutivo manual *Da arte de exterminar tarugos*, especialmente escrito para este livro pelo jornalista Armando Mendes, com quem trabalhei no *Correio Braziliense* entre 1994 e 2002. Armando é um bem-sucedido caçador de tarugos.

Os sete mandamentos do exterminador de tarugos

1. Não dê tempo ao tarugo. É um erro. Ele fica mais forte, gordo e resistente a cada minuto de tolerância. Não se negocia com o tarugo. É para ser extirpado na hora. Sem piedade.

2. Confie na sua intuição. Se algo num texto lhe parece um tarugo, trate-o como se fosse até prova em contrário. Faça tudo para desmascará-lo, ou ele irá parar na página impressa.

3. Toque o alarme. Com força. Mostre o tarugo para quem passar perto, infernize a vida do autor do texto. Em voz alta e com expressão de nojo, incomode editores, perturbe repórteres, chateie vizinhos. Tarugos são como vampiros: gostam da escuridão e do silêncio, não suportam ser expostos à luz do dia e apontados à execração pública.

4. Confira várias vezes se o tarugo foi mesmo extirpado. Ele volta sempre, não se sabe como. Tarugos têm uma resistência inacreditável (ver adiante, no item, o *tarugo versão anterior*).

5. Não caia na bobagem de achar que "alguém vai cuidar desse tarugo". Não vai. A regra é: se você viu o tarugo e fez alguma coisa para livrar-se dele, é possível que alguém mais também tente fazer. Ótimo. Contra o tarugo, toda redundância vale. Mas se você o viu e não fez nada, ninguém mais fará. Certeza absoluta (é a Lei de Murphy aplicada às redações).

6. Quanto mais ambiciosa a reportagem, mais perigoso o tarugo. Cuidado redobrado com denúncias arrasa-quarteirão e matérias especiais de fim de semana. Os tarugos só costumam se exibir no momento em que não há mais tempo para nada — quando o jornal de domingo está todo desenhado e meio fechado (ver, no tópico, o *tarugo arrimo de matéria*).

7. Faça o que quiser, tome o máximo cuidado, mas não há jeito: todo editor vai deixar passar, pelo menos uma vez na vida, um tarugo monumental, humilhante, arrasador. Prepare-se para esse dia aziago. Considere-se uma pessoa de sorte se for um dia só em toda a sua vida.

Pequena tipologia do tarugo

A seguir, alguns dos tipos mais perigosos já classificados pela ciência tarugológica. Não é uma lista exaustiva nem esgota o assunto. Ao contrário: este é um campo de estudos em rápida expansão. Qualquer jornalista mais ou menos experiente poderá acrescentar novos espécimes.

Tarugo arrimo de matéria – Variante perigosíssima, das mais perniciosas. É o tarugo que sustenta toda uma apuração (em geral, de uma denúncia, ou para uma reportagem especial de fim de semana, como no item seis acima). Quando ele é finalmente extirpado, a matéria desmorona – de preferência, na sexta-feira à noite.

Tarugo tímido – Instala-se na redação como quem não quer nada, humilde e despretensioso. Escolhe para seu *habitat* aquela matéria chata do fim da pauta de assuntos do dia. Ninguém presta atenção nela nem se dá ao trabalho de destarugá-la. Termina impresso, e é responsável por momentos de sublime ridículo da imprensa.

Tarugo boçal – O contrário. Chega botando banca, intimidando a redação com sua arrogância e desfaçatez. Prefere reportagens bombásticas, estridentes. Todo mundo vê que há um tarugo encarapitado na pauta de assuntos daquele dia, mas ninguém tem coragem de enfrentá-lo. Quando é publicado, azeda o clima na redação. Provoca troca de acusações, recriminações, choro e ranger de dentes.

Tarugo cabeça – Procura matérias excessivamente inteligentes ou espertinhas. Aninha-se quase sempre em pautas pretensiosas de matérias de comportamento, na forma de teses estapafúrdias que as matérias têm de provar. Sexologia darwinista primária e sociologia de verão são duas de suas especialidades.

Tarugo saúde – Quase clone do *Tarugo cabeça*, mas habita pautas de matérias sobre remédios fantásticos, curas espetaculares e regimes de emagrecimento milagrosos.

Tarugo 1º de abril – Procure-o em matérias sobre ciência distribuídas por agências de notícias. *Veja* publicou um nos anos 80 sob o título de "boi-mate". A reportagem revelava a façanha de cientistas estrangeiros que teriam cruzado bois com tomates. Era um trote de 1º de abril que a revista levou a sério. O *Correio Braziliense* caiu numa dessas quando anunciou, no fim dos anos 90, a descoberta do mico-leão-prateado. O dourado ainda existia. O prateado jamais existiu.

Tarugo versão anterior – Resultado de aliança espúria entre tarugos e departamentos de informática que dão "suporte" às redações. O tarugo foi identificado, execrado e extirpado na tela do computador. Mas o arquivo que baixa e sai impresso é uma versão anterior da página pré-destarugamento. Ninguém pode ser responsabilizado por ele. Bill Gates, quem sabe.

Tarugo mascote dos donos – Intromete-se nas matérias que dizem respeito à família proprietária do jornal, provocando erros primários. Em outubro de 1994, o *Correio Braziliense* publicou que o publicitário Paulo Cabral Júnior promovera uma festa para homenagear o presidente eleito Fernando Henrique Cardoso. Na verdade, a festa homenageou Paulo Cabral, presidente do *Correio* e da Associação Nacional de Jornais, e pai do publicitário. Fernando Henrique foi visto por lá.

* * *

Na Marginal do Tietê: foi na *Veja* que aprendi a identificar tarugos, cultivar fontes de informações, lidar com notícias em *off* e estabelecer relações entre fatos aparentemente díspares.

(Notícia em *off* é a que você pode publicar às vezes, desde que não revele quem foi a fonte. Costuma ser o casulo ideal para todo gênero de tarugos.)

O país estava a menos de cinco anos da eleição do primeiro presidente da República paisano desde que João Goulart fora deposto, em março de 1964. Mas não havia certeza disso.

O jornalismo dos meus verdes anos do Recife fora um jornalismo a céu aberto e na base do corpo a corpo. Dispensara intermediários entre mim e os episódios que narrei. Fora um jornalismo de rua, de ver e contar, de personagens com nome e sobrenome, e que diziam o que achavam correto dizer.

O jornalismo que aprendi na *Veja* em São Paulo foi, sem dúvida, um jornalismo mais cheio de nuances. Dependia de intermediários ocultos para se materializar. Foi um jornalismo de investigação, de ouvir em segredo, de checar mais de uma vez o que ouvira para finalmente assumir como verdade o que me disseram.

Numa conjuntura em que os militares ainda resistiam a declinar do poder, informação privilegiada era mercadoria escassa. Raras as fontes que sabiam tudo que importava. E elas só atendiam a poucos jornalistas.

O maior desafio estava em interpretar com acerto informações desconectadas e por vezes contraditórias. Mas justamente isso distinguia o jornalismo da *Veja* do resto do jornalismo em voga no Brasil. Até então, reportavam-se acontecimentos e ponto final. *Veja* ia além: reconstituía os bastidores dos acontecimentos, esclarecia o significado deles e projetava suas possíveis consequências.

Dava mais trabalho? Sim, muito mais. E a operação de editar uma reportagem de várias páginas com material enviado por vários repórteres era tão penosa que deveria assegurar ao seu autor uma morte futura sem sofrimento e a entrada desimpedida no reino dos céus. No caso de um editor muçulmano, o encontro antecipado com cem virgens por aqui mesmo.

Quase sempre havia informação de mais e espaço de menos. Mas se faltasse alguma, muitas vezes um detalhe, entrava-se pela madrugada ao telefone, perturbando o sono de quem pudesse tê-la — fosse um carnavalesco do morro do Salgueiro ou um ministro de Estado.

Editores e editores assistentes liam os relatórios escritos pelos repórteres sublinhando o que pensavam em aproveitar. Ao se debruçarem sobre as máquinas de escrever (sim, elas ainda existiam), estavam obrigados a ter uma noção precisa da história a ser contada a partir daquelas informações.

Bastava isso? Não, senhor.

Era absolutamente indispensável pensar a respeito do que a história queria dizer. Ou do que se desejava que ela dissesse. Porque, na maioria das ocasiões, a história estava ali para servir a uma ideia — ou a um conjunto delas. Os mais antigos sabiam que ideias eram essas. Os que comandavam a redação ajustavam as ideias às circunstâncias.

Vi como *Veja* operava em situações que marcaram com tinta forte o início da década de 80 no país.

Desembarquei em São Paulo quando ainda fumegavam os destroços da greve de 45 dias de mais de 100 mil metalúrgicos de Santo André, São Bernardo e São Caetano. O líder deles, o torneiro-mecânico Luiz Inácio da Silva, havia sido destituído pelo governo da presidência do sindicato de São Bernardo, preso e acusado de desrespeitar a Lei de Segurança Nacional.

O governo sufocou a greve proibindo os empresários de negociar com os metalúrgicos, pondo as tropas do Exército de prontidão, despachando três mil policiais para as ruas de São Bernardo e prendendo mais de 60 pessoas. Entre os presos estava um advogado ainda pouco conhecido, chamado José Carlos Dias.

(No segundo mandato do presidente Fernando Henrique Cardoso, José Carlos Dias foi ministro da Justiça. E a ele pedi garantias de vida depois que meus filhos André e Gustavo foram agredidos em circunstâncias suspeitas.)

Por pouco o governo não enquadrou na Lei de Segurança Nacional o bispo de São Bernardo, Dom Cláudio Humes. Solidário com os metalúrgicos, ele era amigo de Luiz Inácio e de sua mulher, Marisa, e fazia questão de aparecer ao lado deles.

(No primeiro semestre de 2004, na condição de cardeal de São Paulo, Dom Cláudio teve seu nome citado pela imprensa internacional como forte candidato à sucessão do papa João Paulo II.)

Veja mobilizou duas dezenas de repórteres e editores em São Paulo, Brasília e Rio para cobrir a maior greve de operários da história do país. Ela ocupou 25 páginas nas edições de 23 e 30 de abril e de 7 e 14 de maio.

O atentado terrorista no Riocentro, na noite da quinta-feira 30 de abril de 1981, permitiu a *Veja* dar nova demonstração do seu notável poder de fogo. Foram 28 páginas dedicadas ao assunto nas quatro edições de maio e na primeira de junho.

Eu estava na redação quando chegou a notícia de que explodira uma bomba durante o show em comemoração ao Dia do Trabalho no parque de exposições do Riocentro. Havia por lá cerca de 20 mil pessoas, principalmente jovens.

O terrorismo de esquerda que ameaçara a ditadura fora esmagado nos anos 70. Nos anos 80, a ditadura tolerava o terrorismo de direita, que ameaçava o projeto de redemocratização do país.

A bomba que explodiu no colo do sargento Guilherme Pereira do Rosário, matando-o na hora e ferindo gravemente o capitão Wilson Luiz Chaves Machado, foi a 74ª ação criminosa de direita registrada desde janeiro de 1980.

O sargento e o capitão estavam dentro do Puma placa OT-0297. O capitão, que dirigia o carro, servia no Destacamento de Operações Internas do Centro de Operações de Defesa Interna (DOI-Codi) do I Exército.

Enquanto existiu, o DOI-Codi foi a sigla mais temida pelos adversários da ditadura. Abrigou centros de tortura e deu cobertura a torturadores e assassinos de presos políticos.

O atentado do Riocentro subtraiu ao presidente João Figueiredo o restinho de vontade que ele ainda tinha para governar.

O oficial de cavalaria que disse preferir o cheiro de cavalo ao cheiro de povo; o general de pavio curto capaz de trocar tapas e desaforos com manifestantes no meio da rua em Florianópolis; o presidente do "prendo e arrebento" para garantir a abertura política — todas as máscaras de Figueiredo se revelaram falsas na hora H.

O inquérito sobre o atentado do Riocentro não apontou culpado.

Inconformado com o desfecho do caso, o cérebro da abertura política, general Golbery do Couto e Silva, então chefe da Casa Civil da presidência da República, pediu as contas e refugiou-se no seu sítio perto de Brasília.

A paralisia tomou conta do governo até seu último dia. Devido a isso, poderia acontecer qualquer coisa — a abertura política ser concluída com êxito ou o regime endurecer novamente.

Foi sob o signo da incerteza institucional que cheguei a Brasília em março de 1982 para chefiar a redação da sucursal do *JB*. Levava a orientação curta e direta que recebera do então editor-chefe do jornal, Paulo Henrique Amorim:

— Mude tudo.

A síndrome de tia Zezinha

Na prática, o político era o verdadeiro patrão do jornalista que trabalhava em Brasília no ocaso do regime militar. Ele o abastecia com notícias que garantiam seu emprego na mídia. E sempre dava um jeito de arranjar-lhe um segundo salário no governo, no Congresso e nos tribunais.

Raro o jornalista de um salário só. Conheci um com quatro. Era repórter do *JB* e de *O Estado de S. Paulo*, e funcionário do Senado e de um banco mineiro.

Um jornalista assim carecia de independência para exercer seu ofício.

Por autoritário, o governo encarava a livre circulação de informações como contrária aos seus interesses. Liberava as oficiais e reagia com má vontade quando os jornalistas tentavam ir além delas.

A maioria dos jornalistas parecia conformada com a situação. E embora antevisse o fim do regime, agia como se ele ainda fosse durar muito. Evitava confrontá-lo por medo, conveniência ou torpor.

O *JB* tinha pelo menos três vantagens sobre os outros jornais de referência nacional (*O Globo*, *Folha de S. Paulo* e *O Estado de S. Paulo*): a marca mais conhecida, o maior patrimônio de credibilidade e um editor-chefe propenso a correr riscos.

Paulo Henrique Amorim, o editor-chefe do *JB*, fora correspondente da *Veja* em Nova York de 1968 a 1970 e editor de economia da revista até 1974. Almejava que o *JB* fizesse diariamente o que a *Veja* fazia uma vez por semana – jornalismo seletivo e denso, privilegiando o furo e os bastidores das notícias, com interpretação, análise e opinião em doses razoáveis.

A receita funcionava no *New York Times*, o melhor jornal do mundo, e em outros poucos jornais norte-americanos e alguns europeus. Funcionaria aqui?

Em escala modesta, funcionou, sim, com Paulo Henrique, e depois com João Batista Lemos e Marcos Sá Corrêa, seus sucessores no cargo.

Cheguei a Brasília juntamente com Lemos. Ele tinha de profissão o que eu tinha de idade. Seu modo de comandar era suave e educado, diferente do meu. Ele delegava poderes e cobrava resultados a médio e a longo prazo. Eu concentrava poderes e exigia resultados para ontem. Lemos era amado pela redação. Eu, temido.

Para fazer o jornal dos sonhos de Paulo Henrique, teríamos que substituir pessoas e mudar a maneira de a redação operar.

Eu queria distância do jornalista sem iniciativa. Queria grudar no jornalista que tivesse olho para ver notícia onde os outros não viam, talento para escrever fora dos padrões convencionais, gosto para ir fundo numa investigação, vigor para jornadas diárias de 10 a 12 horas e desejo de reformar o mundo.

Dê liberdade a um jornalista para publicar o que for notícia e ele não cobrará um salário alto por isso. Comemore suas proezas com estardalhaço e ele suportará críticas azedas e às vezes injustas. Preste atenção nos seus problemas pessoais e ele será capaz de minimizá-los para poder entregar a matéria a tempo e a hora.

Hierarquia é essencial onde exista tarefa para ser tocada em grupo. Mas hierarquia em excesso sufoca a criatividade e reduz a disposição das pessoas para colaborar. Estimule-as a dar ideias e aproveite as melhores. Não tema aproveitar nem mesmo as que soem esquisitas.

Certa vez tive uma ideia esquisita. Chamei Joãozinho, um dos *boys* da redação, e disse:

— A partir de hoje, nenhuma matéria de economia será despachada para o jornal sem que você a leia antes. E entenda o que ela quer dizer.

Os repórteres de economia escreviam em "economês". Joãozinho não entendia "economês". Se lia jornal, tinha o direito de entender o que lia.

Depois de uma semana, o coordenador da equipe de economia pediu demissão. Depois de um mês, era visível o esforço dos repórteres para satisfazer as expectativas de Joãozinho.

Em 1994, quando fui dirigir a redação do *Correio Braziliense*, levei Joãozinho comigo. Diante de qualquer surto de matérias incompreensíveis, ameaçava chamá-lo. O surto era logo debelado.

* * *

Joãozinho fora um belo trunfo para forçar os repórteres de economia a escreverem com clareza. Eu precisava de outros para forçar a redação a experimentar um novo modelo de jornalismo diário.

Então importei de Salvador, em maio de 1983, o paulista Roberto Fernandes de Souza, 27 anos, filho e tataraneto de baianos. Roberto Fernandes virou Bob Fernandes em fevereiro de 1986, quando o velho cruzeiro desgastado pela inflação perdeu três zeros e virou cruzado.

— Ih, gente, Noblat trouxe um maluco lá da Bahia — alertou um antigo repórter ao ver Bob entrar na sucursal tostado pelo sol do Porto da Barra, vestindo um terno prateado comprado na Casa José Silva da Cidade Baixa, desfilando seus cabelos encaracolados e os óculos com aros de ouro que pertenceram ao avô materno.

A primeira matéria que ele escreveu ocupou, no dia 20 de maio, a capa do Caderno B sob o título "Roberto Carlos começa *tournée* exigindo decoração que combine com seu *robe de chambre*". A sucursal raramente emplacava matérias no B. Os textos eram sisudos, solenes. Bob abriu o dele assim:

> "A decoradora Sara Freitas, da cadeia de hotéis Nikkey, foi embarcada às pressas de São Paulo para Brasília no final da semana passada. Sua missão: trocar o revestimento da cama e o forro da suíte presidencial do Nikkey BSB, que, nesta quarta-feira, por 12 horas hospedará Roberto Carlos. Roberto não gosta de tons esverdeados, pois são muito pesados e não combinam com seu *robe de chambre* de cetim roxo."

Em 13 de julho, o jornal publicou matéria de Bob sobre um novo tipo de rato que infernizava a vida dos habitantes de Brasília. No caso, a graça do texto estava no fato de ele permitir dois níveis de leitura:

> "No início da década passada, preocupados com a proliferação do *Rattus rattus*, o popular gabiru que já era conhecido pelos candangos, técnicos do governo do Distrito Federal importaram uma variedade de *Mus musculus*, o rato-branco, também conhecido como camundongo. Com a infiltração de *Mus musculus* nas hostes dos *Rattus rattus*, os técnicos pretendiam desequilibrar a espécie gabiru e manter sob controle a cadeia ecológica.
>
> Os camundongos e gabirus, contrariando os pareceres técnicos, entraram em acordo. Acasalaram-se, multiplicaram-se, e a capital federal viu nascer uma nova espécie de

roedor: o super-rato, como diz um manual preparado pela Secretaria de Saúde do DF. Ou o rato-malhado, como prefere a população. Esta semana, o super-rato e as espécies parentes começaram a ser perseguidos."

Aos poucos, outros repórteres adotaram o jeito iconoclasta de Bob — ou liberaram o deles. Os mais resistentes à mudança foram demitidos ou pediram demissão. Nas vagas abertas entrou gente jovem, empolgada com a perspectiva de subverter a ordem jornalística vigente.

Gente como Eliane Cantanhede, José Negreiros, Rodolfo Fernandes, Ernesto Rodrigues, Mônica Yanakiev, Inácio Muzzi, Maria Luiza Abbott, Célia De Nadai, Gilberto Dimenstein, Roberto Lopes, Vanda Célia, Tânia Fusco, Maria Inês Nassif, Ricardo Amaral, Expedito Filho, José Rezende Jr., Sérgio Léo, Consuelo Dieguez, Mariluce Moura, Teodomiro Braga e Franklin Martins, entre tantos outros.

Importei do Rio a experiente Atenéia Feijó, ex-repórter da *Manchete*. Poucos jornalistas sabiam fazer reportagens tão bem quanto ela.

A fórmula da renovação do jornalismo na sucursal do *JB* pode ser resumida aos seguintes pontos:

1. Valorizar menos o noticiário oficial

Nem tudo o que os poderes da República anunciam merece ser publicado. Fora da órbita dos poderes há notícia de sobra.

O repórter Ricardo Amaral pressentiu a existência de uma ao passear entre as jaulas do Jardim Zoológico de Brasília. Lá, deparou-se com um imponente exemplar de urubu-rei. Devido ao clima seco, não havia urubu de espécie alguma na cidade. O Zoológico importara um urubu-rei e o cercara com mordomias inimagináveis.

Amaral viu, escreveu e o jornal publicou.

Às vésperas da eleição do sucessor do presidente João Figueiredo, em janeiro de 1985, a repórter Tânia Fusco entrevistou o candidato Paulo Maluf. Ela abandonou as questões de praxe e fez perguntas amenas. Perguntou, por exemplo, qual o herói de histórias em quadrinhos que Maluf mais admirava. "Mandrake", ele respondeu. Mandrake era um mágico de cabelos domados a brilhantina. Como tal, vivia de iludir as pessoas. Maluf perdeu alguns votos com aquela resposta.

Escalada em maio de 1985 para tomar o primeiro café da manhã oferecido pelo presidente José Sarney aos jornalistas, a repórter Vanda Célia encantou-se com a mesa farta e variada. Sarney é maranhense. O estilo nordestino de receber fazia sua estreia no Palácio da Alvorada.

Vanda escreveu sobre o que viu. Seus colegas, sobre o que Sarney lhes disse. Sarney enrolou-os com frases pomposas e pobres de conteúdo. A notícia estava posta na mesa sobre toalhas de renda. Somente Vanda atinou para isso.

2. Não temer desmentidos

A submissão ao noticiário oficial poupava os jornalistas de desmentidos.

O medo de desmentidos abortava a publicação de certas notícias.

Uma do repórter Carlos Marchi foi manchete de capa do *JB* no dia 23 de janeiro de 1984 — "Tancredo prepara sua candidatura". Dizia:

> "O governador de Minas, Tancredo Neves (PMDB), será candidato à presidência da República em eleições indiretas, caso malogre a campanha do PMDB pelas Diretas já, e se o deputado Paulo Maluf ou o ministro Mário Andreazza vencerem

a convenção do PDS. (...) Se o vitorioso na convenção for o vice-presidente da República, Tancredo não se candidatará: compromete-se a apoiar Aureliano Chaves. Caso Aureliano perca a convenção, apoiará a candidatura do governador de Minas, conforme pacto articulado pelo banqueiro paulista Olavo Setúbal."

Tancredo, Aureliano e Setúbal desmentiram a notícia.

Multidões cada vez mais barulhentas iam às ruas exigir o restabelecimento do voto direto para a escolha do sucessor do presidente Figueiredo. Enquanto comparecia aos comícios e pregava o que as pessoas queriam ouvir, Tancredo preparava às escondidas sua própria eleição pelo Congresso.

Fui pressionado pela direção do jornal a demitir Marchi. Respondi que, se o demitisse, pediria demissão. No dia seguinte, o *JB* publicou os desmentidos e uma nota dizendo que o acordo Tancredo-Aureliano fora confirmado em *off* por dois governadores. (Além deles, mais cinco deputados haviam confirmado o acordo antes de Marchi escrever a matéria.)

Maluf ganhou a convenção do PDS. Aureliano, vice do presidente Figueiredo, apoiou Tancredo, que renunciou ao governo de Minas para ser candidato. Antes de ser eleito, Tancredo convidou Marchi para trabalhar com ele. Marchi foi.

3. Multiplicar as fontes de informação

Havia um sabonete muito popular na década de 50 do século passado chamado Vale quanto pesa.

Lembrei-me dele para dizer que o jornalista valia tanto em Brasília na década de 80 quanto o peso de sua caderneta de telefones. Se ela reunia muitas páginas com alguns dos mais valorizados números de telefones da República, seu dono era reverenciado pelos chefes e admirado pelos colegas.

José Negreiros e Fernando Martins cuidavam das principais fontes de informação da área econômica do governo. De segunda a quinta-feira, tomavam café da manhã com uma e jantavam com outra. Entre o café e o jantar, batiam perna pelos corredores do Banco Central e dos ministérios da Fazenda e do Planejamento.

Repórter, coordenadora da equipe de política e depois chefe da redação quando substituí João Batista Lemos no cargo de editor regional, Eliane Cantanhede era proprietária de uma fornida caderneta de telefones.

Em meados de fevereiro de 1986, a poucos dias do anúncio do Plano Cruzado, Eliane publicou a matéria que antecipou a desindexação da economia. Até então, preços, contratos e salários mudavam de patamar de acordo com a inflação.

O economista Jorge Murad, genro e secretário particular do presidente José Sarney, telefonou irritado para Eliane logo cedo.

— Com quem você conseguiu essa informação? Quem foi o irresponsável que lhe deu isso? — perguntou.

— Foi seu sogro — respondeu Eliane. Como se fosse natural um jornalista ter entre suas fontes de informação o próprio presidente da República.

Mais tarde, Eliane conseguiria acesso a duas outras fontes de informação impermeáveis a jornalistas — o ex-presidente Ernesto Geisel e o ex-ministro Golbery do Couto e Silva.

Com Geisel nunca estive. Estive com Golbery três vezes. A primeira coincidiu com o nascimento de minha filha Sofia, em 15 de março de 1984. Rebeca estranhou que eu a levasse para a maternidade usando meu melhor terno.

— Por que você está vestido assim?

— Porque não é todo dia que sou pai.

Sofia nasceu, Rebeca foi para um apartamento ainda sob efeito da anestesia e eu saí correndo para não perder o encontro com Golbery. Quando voltei, Rebeca acordara e chorava muito. Queixava-se de eu tê-la trocado pelo trabalho.

Foi por causa disso que a Constituição de 1988 ganhou um artigo a mais — o da licença-paternidade.

— A lei tem de garantir ao homem o direito de ficar com a mulher e o filho recém-nascido durante algum tempo — repetiu Rebeca ao pé do meu ouvido por quase quatro intermináveis anos.

Ao longo dos primeiros meses de 1988, ela tentou convencer o deputado paranaense Alcenir Guerra a defender a ideia na Assembleia Nacional Constituinte instalada um ano antes. Alcenir era meu amigo. Rebeca escolheu-o porque ele era pediatra, casado, e ia ser pai.

— Esse artigo não passa — argumentou Alcenir uma dezena de vezes.

— Não passa se você não acreditar nele — devolveu Rebeca outra dezena de vezes.

No dia em que o apresentou, Alcenir foi recepcionado no Congresso por deputados e senadores com risinhos de escárnio e comentários debochados.

Quando assomou à tribuna para falar, a hipótese de a licença-paternidade ser aprovada era de uma em mil, segundo me disse o deputado Delfim Netto.

Quando Alcenir desceu da tribuna, alguns deputados e senadores choravam, comovidos.

A licença foi aprovada. O pai ganhou o direito de permanecer três dias ao lado da mulher e do filho. Se dependesse de Rebeca, seriam dez dias.

4. Tudo é possível

Tudo se torna impossível se, de saída, você conclui que é impossível.

O contrário pode ser verdade.

Teresa Cardoso, repórter aplicada e brilhante, não quis acreditar que fosse possível o que lhe sugeri:

— Por que você não convence o Dr. Leitão de Abreu a comentar os jogos do Brasil com exclusividade para o *JB*?

João Leitão de Abreu, jurista gaúcho, sucedera ao general Golbery do Couto e Silva no cargo de ministro-chefe do Gabinete Civil do governo Figueiredo. Gostava de futebol — e de Teresa. Presidira o Grêmio.

Que contribuição a sucursal do *JB* poderia dar à cobertura da Copa do Mundo de 1982? Em princípio, nenhuma. A "Coluna do Leitão" seria uma boa invenção e escaparia ao convencional.

— Ele não vai topar — descartou Teresa.

— Vá lá, venda a ideia — insisti.

— O homem é a segunda maior autoridade da República. Não vai topar.

— Se ele não topar, não topou. Se topar, maravilha!

O ministro topou. Teresa deu forma final aos comentários dele.

5. Reinventar o *lead*

Proibi que se começasse uma matéria assim: "Fulano de tal disse ontem que..." Ou: "O Congresso aprovou ontem..."

(Dá-se o nome de *lead* ao primeiro parágrafo de uma matéria. Os jornalistas aprenderam que ali devem responder às seguintes perguntas: o que, quem, quando, onde, como e por quê.)

Custou para que a fórmula fosse abolida. Mas, em parte, acabou sendo.

— Contem histórias, histórias. Os leitores gostam de ler histórias. Desde criança nos acostumamos a ouvir histórias — cobrava.

O Hotel Nacional, o mais tradicional de Brasília, estava decadente e às vésperas de perder a quinta estrela. Eliane Cantanhede foi lá entrevistar o gerente. Viu uma barata passeando na mesa dele. Abriu sua matéria assim:

"Uma barata caminhava ontem na mesa do gerente do Hotel Nacional, que está prestes a perder a quinta estrela."

Quem não lê uma matéria que começa com a história de uma barata?

6. Consolidar informações

Mesmo no segundo semestre de 2004, ainda eram poucos os jornais brasileiros que publicavam numa mesma matéria informações provenientes de fontes diferentes, como fazem as revistas semanais *Veja*, *IstoÉ*, *Carta Capital* e *Época*.

Em uma mesma página e sobre um mesmo assunto, ofereciam um mosaico de matérias. Cabia aos leitores, depois de digerir todas, escrever na cabeça sua própria história.

Na sucursal do *JB* havia um grupo de repórteres que, em grandes coberturas, consolidavam informações em poucos textos com começo, meio e fim.

A matéria consolidada evita a repetição de informações e estabelece nexo entre elas. Transpira-se mais para escrevê-la. Mas poupa-se trabalho aos leitores.

7. Planejar, planejar, planejar

Foi só no *Correio Braziliense*, em meados dos anos 90, que passei a valorizar o trabalho meticulosamente planejado.

No *JB* em Brasília, Eliane Cantanhede e José Negreiros intuíram as vantagens do planejamento muito antes de mim. Eles introduziram na redação o hábito de planejar as grandes coberturas. Eu temia que o excesso de planejamento matasse a criatividade dos repórteres.

O planejamento virou uma ideia fixa para Eliane e Negreiros. Nenhum repórter saía da redação sem saber o que fazer, a que horas voltar e o número de linhas que deveria escrever. É claro que tudo era passível de negociação e de mudança.

A meu pedido, dois ou três repórteres atuavam soltos para farejar notícias que não tinham sido previstas.

Foi a preocupação com o imprevisível que nos salvou de um sufoco memorável na noite da quinta-feira, 14 de março de 1985, véspera da posse do presidente Tancredo Neves.

Por volta das 21 horas, a redação estava quase vazia — como, de resto, as redações das outras sucursais e das emissoras de rádio e de televisão.

Os jornalistas tinham ido embora porque trabalhariam cedo no dia seguinte. A posse estava marcada para as 10 horas no Congresso.

Restavam na redação eu, Bob Fernandes, José Negreiros e mais o repórter que dava plantão à noite. Bob cobrira a campanha de Tancredo e ganhara a confiança dos agentes de segurança dele. Negreiros acompanhara Tancredo em sua primeira viagem internacional como presidente eleito. Os dois atuariam soltos no dia seguinte.

— Tem alguma coisa estranha acontecendo — disse Bob em voz alta depois de desligar o telefone. Ele tentara falar com os agentes de segurança e não encontrara nenhum.

Quando Bob, inquieto, repetiu para Negreiros que alguma coisa estranha estava acontecendo, tocou o telefone da minha mesa. Do outro lado da linha, a voz nervosa de Aluísio Alves, futuro ministro da Administração, me deu a notícia mais extraordinária de todos os meus anos de jornalismo:

— Dr. Tancredo está sendo levado nesse momento para ser operado no Hospital de Base. Não tomará posse amanhã.

Bati o telefone, soltei um "puta que pariu", e a primeira coisa que pensei foi: "Perdi o furo da minha vida."

De fato, na noite anterior eu fora jantar com Rebeca no restaurante Florentino. As mesas estavam ocupadas por parlamentares, empresários e artistas convidados para a posse.

— Telefone pro senhor — avisou-me um garçom.

Atendi e ouvi de Marcelo Pontes, editor de política do *JB* no Rio, a informação que um ministro do Supremo Tribunal Federal acabara de passar para Manuel Francisco do Nascimento Brito, diretor-presidente do jornal:

— Parece que Dr. Tancredo vai ter que se operar...

— Que conversa é essa, Marcelo?

— É, parece que é isso mesmo.

— E o que ele tem?

— Diverticulite de Meckel.

— O que é isso?

— Sei lá. Apure. É alguma coisa no estômago.

Não era. Diverticulite é um processo inflamatório do intestino.

Até aquela hora, a doença fora um segredo compartilhado apenas por três médicos, a mulher de Tancredo, dona Risoleta, o neto Aécio Neves e o sobrinho Francisco Dornelles. Nem Sarney, o vice-presidente, sabia.

Bem, mas como dizia Tancredo, só guarda segredo quem não o sabe. Um dos médicos contou o segredo para um ministro do Supremo Tribunal Federal, que contou para Nascimento Brito, que contou para Marcelo Pontes, que me contou...

Precisava confirmar a informação com alguma fonte confiável — de preferência, com mais de uma. E não consegui. Só ouvi desmentidos.

Até que... Até que Aluísio Alves me telefonou na noite seguinte.

Bob saiu a pé para o Hospital de Base, que ficava a poucos quarteirões da sucursal. Negreiros foi para o telefone convocar de volta ao trabalho o maior número possível de repórteres. Lembrei que o comentarista político Villas-Bôas Corrêa jantava com Sarney e telefonei para ele.

— Já estou sabendo. Sarney foi para o hospital — ele disse.

Meia hora depois, Bob me telefonou. Como chegara ao hospital menos de dez minutos depois de Tancredo, subira pela escada e fora bater no sexto andar. Era o único jornalista ali. Tancredo estava recolhido a um apartamento ainda pensando que seria apenas medicado. Bob ficou por lá até terminar a operação.

Foi a madrugada mais nervosa da história do país no final do século passado. O presidente João Figueiredo avisou que não passaria o cargo para o vice-presidente José Sarney — e, de fato, não passou. Sentia-se traído por ele, que largara a presidência do PDS, partido do governo, para apoiar Tancredo e ajudá-lo a se eleger. Figueiredo saiu pelos fundos do Palácio do Planalto.

O ministro do Exército, general Walter Pires, pensou em se entrincheirar no seu gabinete e dali comandar algum tipo de reação militar à posse de Sarney. Desistiu quando viu que a sua exoneração e a dos demais ministros de Figueiredo haviam sido publicadas na edição do *Diário Oficial* daquele dia.

A operação de Tancredo terminou pouco antes das duas horas da manhã da sexta-feira. Ainda na edição desse dia, os jornais disseram que ele fora vítima de um divertículo de Meckel, passava bem e talvez assumisse a presidência da República dali a uma semana.

Mentiram. Foram induzidos a mentir pela família do presidente, que mandou os médicos sonegarem a informação de que haviam extraído de Tancredo um tumor benigno. Curioso é que o *JB*, na edição de sábado, publicou sem destaque que o médico Gustavo Ribeiro saíra da sala de cirurgia dizendo:

— É um tumor. Tudo indica que benigno.

O jornal esqueceu a informação no dia seguinte. Uma semana depois, a *Folha de S. Paulo* deu-a como manchete — e foi desmentida por médicos, parentes de Tancredo e as mais altas autoridades do governo recém-empossado.

Antes que a *Folha* publicasse a notícia, o repórter Roberto Lopes entrou na minha sala, fechou a porta, baixou a persiana para que ninguém da redação nos visse e falou:

— Tenho uma bomba...

— Qual é?

— Essa história de divertículo é mentira. Tancredo tinha um tumor.

— Qual é a fonte?

— Marcondes Gadelha, senador, que é médico. Ele acompanhou a operação.

— Quem mais?

— Quem mais o quê?

– Tem outra fonte? Você acha que vou publicar que o presidente tinha um tumor com base somente em uma única fonte?

– Por que não? Eu aposto meu emprego nessa informação.

– Uma fonte só não dá, Bob. Ninguém acreditará.

Ele pediu demissão no ato. Consegui demovê-lo mais tarde.

Quando a *Folha* deu o tumor de manchete, Roberto Lopes entrou na redação, me olhou fixamente e nada disse. No dia seguinte, quando a *Folha* publicou os desmentidos e não sustentou a informação, entrei na redação, olhei para ele fixamente e também nada disse.

Tancredo foi operado sete vezes entre a noite de 14 de março e a tarde do dia 11 de abril. Morreu na noite do dia 21. O corpo dele subiu a rampa do Palácio do Planalto dentro de um caixão.

A cobertura do calvário de Tancredo foi um show de informações desencontradas, erradas, parcialmente certas e certas também. O país rezava e promovia vigílias, esperando que o presidente se recuperasse. E reagia mal às notícias que indicavam o agravamento de seu estado.

Nós, jornalistas, não estávamos preparados para a complexidade de uma cobertura como aquela. Não dominávamos o assunto. As fontes de informação permaneceram fechadas a maior parte do tempo. E, acima de tudo, temíamos o erro. (A Rádio Eldorado, de São Paulo, e a agência France Press "mataram" Tancredo alguns dias antes de ele morrer.)

O tom do noticiário foi otimista até a quarta operação.

Acho que, em certa medida, acreditamos na maioria das mentiras que nos pregaram porque queríamos acreditar nelas. Assim como tia Zezinha acreditou que o papa João XXIII não morreria simplesmente porque ela não queria que ele morresse.

No olho da rua

Comecei a cair em desgraça dentro no *JB* antes mesmo de me destacar ali como comentarista político no final dos anos 80. E muito antes de ter ouvido duas vezes do diretor-presidente da empresa, Manuel Francisco do Nascimento Brito, que seria o sucessor do jornalista Carlos Castello Branco como titular da seção de maior prestígio da imprensa brasileira à época — a "Coluna do Castello", publicada diariamente na página dois do jornal.

Castellinho tinha câncer. Eu ainda chefiava a redação da sucursal de Brasília quando passei a ocupar o espaço da página dois às segundas-feiras — único dia em que ele não escrevia. Com o agravamento da doença e as constantes viagens de Castellinho aos Estados Unidos para tratamento, eu o substituí mais de uma vez durante um ou dois meses consecutivos. Numa delas, em 1986, Nascimento Brito encontrou-me na sala do editorialista Wilson Figueiredo, no Rio. E me disse:

— Olhe, meu jovem, a sua responsabilidade. O Castello está numa situação muito difícil, e se por acaso não se recuperar, você será a pessoa que irá substituí-lo. Terá que ter seu próprio estilo. Não pode simplesmente repetir o Castellinho. Terá toda a liberdade. Só não poderá falar mal de duas pessoas: Delfim Netto e Dom Eugenio Sales. Aliás, com a Igreja nunca é bom brigar.

Delfim fora ministro dos governos Costa e Silva e Garrastazu Médici, e em diversas ocasiões ajudara o jornal a superar dificuldades financeiras. Cardeal-arcebispo do Rio, Dom Eugenio era amigo da família proprietária do jornal. Mais tarde, em setembro de 1989, Nascimento Brito me falou pela segunda vez sobre a sucessão de Castellinho. Faltavam três meses para a eleição do primeiro presidente da República pelo voto direto desde que Jânio Quadros se elegera em 1961.

— Sou contra você virar comentarista de televisão. Castellinho sempre foi exclusivo do jornal. E você deve ser também, para poder substituí-lo — disse-me na sala de Luiz Orlando Carneiro, diretor da sucursal, ao saber que eu aceitara ancorar em Brasília o telejornal do SBT apresentado em São Paulo pelo jornalista Boris Casoy.

Ancorei o telejornal por quinze dias. Quando o presidente José Sarney animou a candidatura de Silvio Santos a presidente com a intenção de barrar a eleição de Fernando Collor, deixei o SBT. Não me senti à vontade para trabalhar na televisão de Silvio e ao mesmo tempo criticar no *JB* o artificialismo de sua candidatura. Eu já era titular da coluna diária "Coisas da Política".

Deram-me a coluna para que eu recusasse a chefia da sucursal de *O Estado de S. Paulo* em Brasília. Eu estava tentado a trocar de jornal. Sentia que minha carreira no *JB* se aproximava do fim. Desconfiava disso desde setembro de 1986.

Em meados de agosto daquele ano, sugeri a Marcos Sá Corrêa, editor-chefe do jornal, uma reportagem sobre o estilo de fazer campanha do então ministro Antonio Carlos Magalhães, das Comunicações. O professor Josaphat Marinho era o candidato dele ao governo da Bahia. Perderia a eleição para Waldir Pires. Antonio Carlos mandava no Estado havia mais de 10 anos e exercia forte influência em alguns dos mais importantes veículos de comunicação do país.

A *Veja* fazia todas as vontades dele. A TV Globo, idem. O *JB*, também. E *O Estado de S. Paulo*, um pouco. Antonio Carlos foi a melhor fonte de informações políticas de alguns dos mais poderosos jornalistas brasileiros entre os anos 70 e 90.

— Quem fará a reportagem? — perguntou Marcos.

— Olha, pode ser a Eliane Cantanhede.

— Eliane, não.

— Então posso mandar José Negreiros.

— Negreiros, não sei. Matéria com Antonio Carlos é uma coisa delicada, você sabe disso...

— É, sei. Então mando o André Gustavo Stumpf.

— Não, esse não.

— Porra, Marcos, assim não tenho mais ninguém pra mandar.

— Vai você. Deixa alguém chefiando a redação e vai você.

Fui. Fiquei dez dias com Antonio Carlos. Escrevi a reportagem que o *JB* publicou em duas páginas no domingo 7 de setembro de 1986.

Tão logo recebi em casa um exemplar do jornal, telefonei para o ministro. Ele assistia ao desfile militar em Brasília. Queria saber o que ele achara da reportagem. Deixei recado para que me telefonasse. E ele telefonou pouco depois do meio-dia.

— E aí, ministro, gostou?

— Gostei como, seu filho da puta? Você quis me foder.

— O quê?

— Você é um filho da puta. Escreveu coisas que não lhe disse.

— Não me trate assim, senão desligo o telefone. Escrevi o que ouvi do senhor e o que ouvi de outras pessoas.

— Não, não é verdade. Você me criou problemas com essa matéria. Não quero mais conversa com você. Siga seu caminho que eu seguirei o meu.

Na terça-feira, Marcos me telefonou e disse que Antonio Carlos andava se queixando de mim:

— Ele diz que lhe falou algumas coisas em *off* e que você pôs em *on*.

— Mentira. Não tenho mais idade para confundir *off* com *on*.

— Tem uma frase sobre como ganhar eleição que ele garante que jamais disse.

— A mim, não disse. Nem escrevi que ouvi dele. Mas três fontes me confirmaram que ele disse a frase, sim.

A frase virou mote da campanha de Waldir — e, desde então, de todas as campanhas dos adversários de Antonio Carlos. Ei-la: "Vou ganhar a eleição com o dinheiro numa mão e o chicote na outra." A frase fora dita a propósito da eleição para governador em 1982.

Além da frase, Antonio Carlos se aborrecera com o trecho da reportagem em que abordei suas desavenças com o governador João Durval Carneiro, eleito quatro anos antes com o apoio dele. Contei que a família do governador queria afastá-lo de Antonio Carlos. E que o ministro se referia a João Durval como "um molenga".

Dentro de um carro em Salvador, Antonio Carlos me disse de dedo em riste:

— Publique tudo que estou dizendo sobre João Durval. Tudo.

Publiquei, ora. E por isso comecei a descer a ladeira.

Em novembro ou dezembro de 1986, Marcos convidou-me para trocar o lugar de editor regional do *JB* em Brasília pelo de editor regional do jornal no Recife, onde sequer havia sucursal.

— Vamos remontar a grande sucursal Nordeste do *JB*. E como Recife é sua cidade, talvez você queira ir para lá — propôs ele.

— Não quero. Não faz sentido sair de Brasília, onde tudo acontece. E em fevereiro começa a Constituinte. Não é todo dia que verei uma de perto.

Até ali, minhas relações com Marcos haviam sido boas. Ele apenas não gostava quando eu escrevia de forma muito dura sobre o governo Sarney. Achava que um chefe de sucursal deveria se relacionar bem com o governo e com a oposição. E que escrevendo do jeito que eu escrevia, era impossível relacionar-me bem com o governo.

Não era. Governo e oposição só respeitam jornalista e jornal dos quais têm medo. Fora Sarney, perdi poucas fontes de informação pelo fato de criticar o governo nos meus artigos. Ganhei muitas justamente por isso.

É complexo o jogo do poder entre os poderosos, e entre eles e os jornalistas. Marcos não tinha paciência para entender o jogo. Nem aptidão.

Uma vez, escrevendo no lugar de Castellinho, narrei um diálogo travado por Sarney com o ministro Rafael de Almeida Magalhães, da Previdência Social. No mesmo dia recebi uma carta do ministro desmentindo o diálogo. Marcos soube do desmentido antes de mim e me alertou:

— Rafael vai mandar uma carta desmentindo a coluna.

— Não se preocupe. A fonte do que escrevi foi ele mesmo.

Ao receber a carta, telefonei para o ministro:

— É para publicar? Porque o senhor sabe quem foi a fonte da coluna. E essa fonte não costuma mentir para jornalista...

— Esqueça. Sarney reclamou e eu fiz a carta só para poder mandar uma cópia pra ele. Não precisa publicar.

Antes que a Constituinte fosse instalada em 1º de fevereiro de 1987, Marcos me convidou para ser correspondente do jornal em Buenos Aires. Então me convenci de uma vez por todas que ele queria me ver pelas costas. Fui ao Rio, almocei com ele num restaurante do Leblon e lhe disse à sobremesa:

— Olhe, Buenos Aires não me interessa. Paris talvez interessasse. Mas penso que você quer mesmo é que eu saia do comando da sucursal.

— Eu? Não quero. Não pense nisso.

— Nada mais natural que você queira. Não criarei nenhum problema.

— Você está maluco.

— Em menos de quatro meses você me convidou duas vezes para sair de Brasília.

— Você está ficando paranoico. Eu vou ser seu psiquiatra a partir de agora. Toda vez que tiver um ataque de insegurança, venha conversar comigo.

Seis meses depois daquele almoço, Marcos me demitiu do cargo de editor regional. Nomeou para o lugar o jornalista Etevaldo Dias. Dali a dois anos, Etevaldo serviria de ponte entre o jornal e o candidato Fernando Collor, de quem era amigo. Ele substituiu o jornalista Cláudio Humberto Rosa e Silva como porta-voz presidencial no último ano do governo Collor.

Distraí-me fazendo uma coluna sobre a Constituinte até ser convidado, em 1988, para chefiar a sucursal de *O Estado de S. Paulo*. Foi quando ganhei a titularidade da coluna "Coisas da Política".

Pensei ter ganhado também uma certa estabilidade no emprego — afinal, saíra do meio do tiroteio que marcava as relações entre as sucursais de Brasília e as respectivas sedes de jornais e revistas do eixo Rio-São Paulo. Quem mandava nas sedes costumava rivalizar com quem mandava nas sucursais — e vice-versa.

Enganei-me. Outras profissões podem oferecer estabilidade no emprego ou a sensação de estabilidade – o jornalismo, não. Jornalistas reproduzem nas redações as brigas pelo poder que cobrem lá fora. E muitas vezes estabelecem conexões entre as brigas lá de fora e suas próprias brigas. Vi isso acontecer dentro do *JB* em diversas ocasiões – mas não só ali.

A direção do *JB* apostou que Maluf sucederia ao presidente João Figueiredo, e por isso designou gente simpática a ele para comandar a redação no Rio durante a campanha eleitoral de 1984. Quando viu que Tancredo seria eleito, mudou o comando da redação e pôs gente afinada com ele. O jornal cobriu com razoável isenção a campanha de 1989. Mas quando Collor foi eleito, apressou-se a se compor com ele. Sobrou então para mim.

Se bati em Sarney nos meus artigos, bati muito mais em Collor. Assim como a maioria dos jornalistas, eu sabia que ele era uma fraude.

Sob o título "Falso Brilhante", eu disse em maio de 1989 que o principal ponto fraco de Collor era "a falta de conteúdo político de qualquer natureza. Ele é vazio, não tem nada, a não ser intenções meritórias. Parece um ator que decorou sua fala e que interpreta o papel que lhe deram de maneira convincente".

A dois dias da eleição de Collor, sob o título "Vale tudo para ganhar", alertei: "(ele) é um político capaz de fazer qualquer coisa, mas qualquer coisa mesmo para alcançar seus objetivos. Releva aspectos morais e éticos, desrespeita costumes e atropela princípios para obter o que deseja. Pode conseguir se eleger presidente da República assim. Mas que tipo de presidente será?"

O que um colunista político deve fazer quando tem sólida convicção a respeito de alguma coisa? Sustentá-la com fatos e manifestá-la. Acertei ao fazê-lo em relação a Collor, como se viu depois. Porém, do ponto de vista da manutenção do meu emprego, errei feio.

Entre o primeiro e o segundo turno da eleição, a jornalista Tânia Fusco procurou Cláudio Humberto, assessor de Collor, para lhe dizer que, junto comigo e com a jornalista Miriam Guaraciaba, escreveria um livro sobre os últimos 30 dias da campanha. O livro fora encomendado pela editora Nova Fronteira.

— Cláudio Humberto me disse que duvidava que o livro saísse. E disse também que, se Collor fosse eleito, você seria o primeiro jornalista a perder o emprego — contou-me Tânia na época, e tornou a contar em março de 2004.

A editora desistiu do livro. Collor foi eleito no domingo 17 de dezembro. Na tarde da sexta-feira 22, por telefone, o editor de política do *JB*, Marcelo Pontes, localizou-me no Recife, onde eu passaria as festas de fim de ano, e deu-me a notícia da demissão:

— Marcos reuniu os editores na sala dele e disse que você tinha sido demitido. Portanto, não precisa mandar a coluna de amanhã.

Ninguém mais do *JB* me procurou para dar qualquer satisfação.

Ouvira falar da minha saída na quarta-feira à noite, dia 20. Como de hábito, ali pelas 22 horas telefonei para a Rádio JB, no Rio, onde fazia um comentário diário desde o início do ano. Gravado à noite, o comentário ia ao ar na manhã do dia seguinte.

— Vamos gravar? — perguntei ao funcionário do estúdio que sempre me atendia.

— Gravar, como? O senhor não está sabendo?

— Sabendo o quê?

— Me disseram que não tem mais comentário. E que o senhor vai deixar de escrever no jornal.

— Quem lhe disse?

— Ih, não me meta nesse rolo... Eu não sabia que o senhor não sabia...

Telefonei para o diretor da sucursal e ele me disse que não sabia de nada. Tive então a ideia de telefonar para o jornalista Hélio Fernandes, editor e dono do jornal *Tribuna da Imprensa*, no Rio. Ele tinha boas fontes dentro do *JB*. Disse-me que apuraria a história.

Na manhã do dia em que fui demitido, a *Tribuna* publicou em sua primeira página, sob o título "JB petista coloriu marrom", matéria assinada por Hélio:

> "O jornalista Ricardo Noblat será demitido hoje do *JB*. Ele já foi chefe da sucursal de Brasília e teve que deixar o lugar a pedido de um presidente da República. Agora o colunista respeitado deixa a coluna para agradar a um presidente que ainda não tomou posse. No domingo, o Sr. Manuel Francisco do Nascimento Brito reclamou com o editor Marcos Sá Corrêa que o jornal estava muito petista. O editor respondeu: 'Vamos fazer o seguinte: encostamos o Rogério Coelho Neto, que é muito 'collorido' mas que não pode ser demitido por ter mais de 20 anos de casa, e demitimos o Noblat.'"

Na edição do dia seguinte, Hélio retomou o assunto. Disse que, às 16h50 da sexta-feira, Nascimento Brito reunira os editorialistas em sua sala e lhes dissera: "O jornalista Ricardo Noblat foi demitido por razões administrativas." Argumentou que, além do salário, eu morava em casa alugada pelo jornal e tinha direito a uma passagem aérea por ano para onde quisesse.

Hélio escreveu que, às 17h40, Marcos reunira os editores na redação e informara:

— Noblat foi demitido por questões políticas. Eu deixei que fizesse a coluna da maneira que entendeu. Fiquei esperando passar a eleição para tomar uma decisão. Agora, resolvi demiti-lo. Não há nada de pessoal.

Segundo Hélio, em conversa mais tarde com um grupo menor de editores, Marcos acrescentou:

— O Noblat queria fazer um jornal paralelo, e com isso eu não podia concordar. A demissão foi pessoal mesmo. Eu já queria fazer isso há muito tempo, e agora não iria perder a oportunidade.

Com Manuel Francisco do Nascimento Brito Filho, que morava nos Estados Unidos, Marcos comentou por telefone:

— Noblat apostou em Lula. E perdeu.

Bobagem! Não apostei em ninguém. Achava Lula tão incapaz quanto Collor. A dez dias do segundo turno da eleição, sob o título "Assim quis o povo. Cumpra-se", lamentei que tivéssemos de escolher entre um e outro. Escrevi: "Depois de quase 30 anos sem poder eleger o presidente, o país merecia alternativas melhores."

Não quis fazer um jornal paralelo. Outra bobagem! Como fazê-lo com uma coluna de apenas 60 linhas publicada de terça a domingo? O que irritava Marcos era que algumas vezes o noticiário político do jornal apontava para uma direção e a coluna para outra. E a coluna acertou mais do que o noticiário.

Foi assim quando o PMDB estava prestes a indicar seu candidato à sucessão de Sarney. Marcos acreditou que o candidato seria Orestes Quércia, governador de São Paulo. Mandou um bilhete para a sucursal de Brasília dizendo que o jornal apostaria suas fichas em Quércia — e o jornal de fato apostou.

Por estar mais perto da trama política, percebi que o candidato seria Ulysses Guimarães, presidente do partido, e escrevi isso. Deu Ulysses.

Também foi assim quando, perto do primeiro turno da eleição, Brizola e Lula estavam quase empatados nas pesquisas de intenção de voto, com ligeira vantagem para Brizola. Farejei antecipadamente que Lula enfrentaria Collor no segundo turno. No dia 11 de novembro, sob o título "Cheiro de Lula no ar", escrevi: "Em quase todas as regiões do país, o crescimento do candidato do PT oferece indicações de ser mais consistente e uniforme do que o de Brizola."

O desacordo mais flagrante entre a coluna e o noticiário do jornal ocorreu no dia 18 de novembro, um dia após o primeiro turno da eleição. Na véspera, fiado na previsão do pesquisador Homero Icaza Sanches, ex-diretor da TV Globo, Marcos estampara em manchete de capa: "Votos do Rio e do Sul salvam Brizola de Lula."

Como o início da apuração mostrou que tais votos não seriam suficientes para salvar Brizola, Marcos pisou no freio e deu de manchete no dia seguinte: "Só número final dirá se é PT ou PDT." Nesse dia, sob o título "Se Lula fosse polonês", escrevi: "Quem classificou Lula para disputar com Collor foi a parcela organizada da sociedade brasileira — aquela que tem um pé na Bélgica e outro na Índia."

Intuí que seria Lula? Apostei? Adivinhei? Arrisquei?

Que nada! O jornalista Luiz Gonzáles, com quem eu trabalhara na *Veja* em São Paulo, coordenava o sistema de apuração de votos da TV Globo. Foi ele quem me disse, na noite do dia 17, que todas as projeções a seu dispor apontavam Lula como adversário de Collor:

— A diferença será mínima, mas pode cravar Lula.

Cravei.

Lula teve 14,16% do total dos votos válidos contra 13,60% de Brizola.

Definitivamente, a política não era a praia de Marcos, jornalista mais afeito a matérias sobre generalidades.

* * *

A única ocasião em que Nascimento Brito comentou publicamente minha demissão foi em entrevista à revista *Imprensa*, em junho de 1990. Disse que eu "escrevia direito", mas que era centrado em mim mesmo. E que me julgava com o direito de espinafrar quem quisesse.

A um editorialista, ele admitira, ainda em dezembro de 1989, que gostava de mim, mas que eu não era de "fazer concessões, e o jornal está muito endividado, você sabe..." A frase ficou inconclusa.

A demissão não foi o ponto final do meu período de sete anos como empregado do *JB* em Brasília. O ponto final seria algo humilhante, que acabou por dar um novo rumo à minha vida.

Eu nunca soube negociar bons salários.

Em 1984, para não dar o aumento que pedi, o *JB* preferiu pagar o aluguel da casa em que eu morava, no Lago Norte. E me prometeu uma passagem aérea internacional por ano, que nunca recebi.

Quando fui demitido, procurei o dono da casa, o promotor de Justiça Antônio Gomes, e propus que transferisse para mim o contrato firmado com o jornal. Por coincidência, o contrato venceria dali a um mês.

Primeiro, Gomes me disse que a mulher dele queria morar na casa. Depois concordou em renovar o contrato, mas pedindo quase o dobro do valor pago pelo jornal. Por último, disse que viajaria aos Estados Unidos para fazer um curso de um mês e que na volta acertaria tudo comigo.

Desapareceu por pouco mais de dois meses. Reapareceu no início de março. Eu continuava desempregado, embora com um convite para montar o departamento de *marketing* político da agência baiana de propaganda Propeg. Tinha uma sala na sede da agência em Brasília cedida por um dos seus donos, Cláudio Baeta, meu amigo havia muitos anos. Foi lá que Gomes me procurou e disse sem rodeios:

— O valor do aluguel tem de ser aquele que lhe falei. Não está alto. Mas, se você não topar, terá que deixar a casa o mais depressa possível.

— Depressa, como? Não é assim que se faz. Estou lá há muitos anos.

Ele sacou um papel da pasta 007 que carregava e me deu para ler.

O papel era uma ordem judicial de despejo já assinada. Gomes e o *JB* haviam feito um acordo em janeiro, por meio do qual o jornal se comprometia a desocupar a casa até o fim de fevereiro. Se não o fizesse, Gomes poderia tomar posse dela de imediato.

Aos gritos, pus Gomes para fora da Propeg. Telefonei para o advogado Reginaldo de Castro e contei o que acontecera. Ele me disse:

— Não será fácil suspender uma ordem de despejo já assinada. Tire sua família de casa para livrá-la de constrangimentos. Fique lá, não abra a porta para ninguém, e me avise se aparecer algum oficial de Justiça. Vou ver o que posso fazer.

Pedi a Eliane Cantanhede que apanhasse meus filhos André e Gustavo na escola e os levasse para sua casa. Fui para a minha. E ali, junto com Rebeca, que teimou em ficar comigo, Sofia, minha filha caçula de cinco anos, e duas empregadas, esperei o desfecho do caso.

Não consegui me concentrar em nada. Passei a tarde circulando pelos cômodos da casa e pensando no que faria se por acaso fosse despejado. Deveria ir para um hotel? Talvez fosse melhor ir para um hotel com Rebeca e Sofia, e deixar André e Gustavo no apartamento da minha sogra.

E os móveis e objetos da casa, onde os guardaria? Teria tempo para providenciar a retirada deles? Ou o oficial de Justiça chegaria com um caminhão e os levaria para algum depósito?

Quase às 18 horas, o advogado me telefonou e disse que a ordem de despejo fora suspensa. A juíza que a assinara não sabia que na casa morava uma família. Nem que a família ignorava o acordo firmado pelo jornal com o dono da casa.

Nesse mesmo dia, telefonei para Baeta e perguntei:

— O convite da Propeg ainda está de pé?

— É claro que sim.

— Se você quiser, começo amanhã.

— Fechado.

A Rebeca, antes de ir dormir, eu disse que só voltaria ao jornalismo depois de ganhar dinheiro suficiente para comprar uma casa. Levei três anos para ganhar. Vivi parte deles em Angola, onde, desde os anos 60, a população tentava sobreviver a uma das mais cruéis e intermináveis guerras do mundo.

Em campo minado

"Paz, Trabalho e Liberdade" ou "Paz, Liberdade e Trabalho"? A dúvida ocupou a tarde do penúltimo dia do Congresso Extraordinário do Movimento Popular de Libertação de Angola (MPLA), em abril de 1991. Atentos e disciplinados, representantes do partido nas 18 províncias (Estados) do país ouviram oradores se sucederem na tribuna defendendo uma e outra proposta. Nas amplas dependências do Palácio Dez de Dezembro, em Luanda, cartazes, faixas e painéis proclamavam que Angola vivia "Tempos Novos", tempos de "Paz, Trabalho e Liberdade".

O Congresso serviu para mudar radicalmente o perfil político do partido que se mantinha no poder desde a independência do país, em novembro de 1975. Saiu de cena o MPLA marxista-leninista, apoiado por Cuba e pela extinta União Soviética, que implantara em Angola o regime de partido único e de economia centralizada. Entrou em cena o MPLA social-democrata, defensor convicto do pluripartidarismo e das vantagens da economia de mercado. O Congresso serviu também para marcar a estreia no espaço social angolano das técnicas de publicidade e de *marketing* político.

Ali não se conhecia nenhuma. Havia um jornal, uma emissora de rádio e outra de televisão, todos estatais. A campanha sobre os tempos novos de paz, trabalho e liberdade fora a primeira criada por profissionais da Propeg que desembarcaram em Luanda, a convite do MPLA, na terça-feira de carnaval daquele ano. A princípio, éramos cinco ou seis. Somaríamos 44 um ano depois. Angola estava em guerra havia mais de três décadas. Entre 1961 e 1974, os angolanos lutaram para se livrar do domínio colonial português. Desde 1975, lutavam entre si.

O país fora destroçado por um conflito que produzira até então 300 mil mortos e 80 mil mutilados, e pusera frente a frente dois poderosos exércitos. De um lado, o do MPLA, da etnia quimbundo, armado pela União Soviética e reforçado por 10 mil soldados cubanos. Do outro, o da União pela Independência Total de Angola (Unita), da etnia umbundo, apoiado por Estados Unidos e África do Sul. Um terceiro exército, o da Frente Nacional de Libertação de Angola (FNLA), da etnia quicongo, se desmanchara no final dos anos 70. Angola tem pelo menos dez etnias.

O MPLA preparara o Congresso de abril com base na palavra de ordem "1991, Ano da Reestruturação da Economia e da Democracia Multipartidária". Alguns dirigentes do partido, os mais ortodoxos, preferiam manter a palavra de ordem a adotar sua mais moderna e completa tradução publicitária. A maioria deles gostara de "Tempos Novos de Paz, Trabalho e Liberdade". Só que não se punham de acordo sobre a questão de "Liberdade" vir antes ou depois de "Trabalho".

Foi o presidente do MPLA, da Assembleia do Povo, da República, chefe do Governo e comandante das Forças Armadas, engenheiro José Eduardo dos Santos, quem pôs fim à discussão. Ficou tudo como havíamos concebido. José Eduardo sucedera a Agostinho Neto, Fundador, Pai da Pátria e Imortal Guia de todos os angolanos. Neto morrera de cirrose em 1979, durante viagem a Moscou. O corpo dele jazia embalsamado no antigo Palácio do Governo. Regularmente, um médico russo deslocava-se de Moscou para verificar o estado de conservação do corpo.

Manter o ex-presidente como se ele apenas dormisse, a exemplo de Lenin na Praça Vermelha, custava uma nota preta. O governo desembolsava mais alguns milhões de dólares com a construção de um mausoléu perto do mar, onde o corpo repousaria para sempre. A construção acabou barrada pela força dos novos ventos que varriam Angola. O corpo de Neto baixou de vez à sepultura. Preservou-se, contudo, o *status* da viúva dele. Se José Eduardo tinha uma Mercedes-Benz modelo 1989, a viúva desfilava em um Volvo modelo 1991, bem mais confortável.

O Comitê Central do MPLA era formado por 130 "camaradas". Cada um tinha direito a uma Mercedes, uma boa casa, uma ou mais viagens internacionais por ano e outras regalias. O modelo do carro dava a medida da importância do seu usuário. Mercedes com dois ou três anos de uso servia a membro do Comitê lotado em alguma província (Estado). Mercedes do ano, a membro do Comitê morador de Luanda. Titular do Birô Político, a instância máxima do Comitê, dispunha de Mercedes com cortinas que vedavam os vidros da parte traseira.

O exercício solitário do poder durante 16 anos desgastara o MPLA. Seus muitos erros levaram os angolanos a concluir que o MPLA matava pela fome e a Unita, pela guerra. Mas, embora soubessem que o partido, o governo e o presidente eram uma coisa só, eles simpatizavam mais com o presidente. Foi o que descobriu a primeira pesquisa de opinião aplicada em Luanda pelo Instituto Sensus, de Belo Horizonte, parceiro da Propeg. José Eduardo sempre fez o gênero "líder africano à moda ocidental". E Luanda sempre foi a mais ocidental das capitais africanas.

O colapso do comunismo, anunciado em 1989 com a queda do Muro de Berlim, acendeu a luz vermelha no Futungo de

Belas — o Palácio do Planalto + o Palácio da Alvorada de Angola. José Eduardo e o MPLA compreenderam que, mais dia, menos dia, a situação do país haveria de mudar. Se fosse para mudar, que mudasse sob o controle deles. Estados Unidos, Rússia e Portugal pressionavam José Eduardo e Jonas Savimbi, o líder da Unita, para que terminassem a guerra. Em seguida, haveria eleições para presidente e para a Assembleia do Povo (Congresso).

Fomos para Luanda ajudar o MPLA a vencer a primeira eleição da história de Angola. Em 1990, a Propeg ajudara a eleger os governadores de cinco estados brasileiros, meia dúzia de senadores e pouco mais de 20 deputados federais. O governo angolano não queria trabalhar com publicitários portugueses — o governo de Portugal apoiava a Unita. O embaixador angolano no Brasil, Francisco Romão, recomendou a contratação da Propeg. Pensava que ela fizera a campanha de Collor.

De publicidade eu pouco entendia. Começara a aprender *marketing* político com o baiano Geraldo Walter de Souza Filho, o Geraldão. O que a ele parecia ser um só cliente (no caso, o partido), eram três. A teoria dos três clientes consta do plano entregue à direção do MPLA antes de agosto de 1991. Ele previa a montagem de uma produtora de rádio e de televisão para criar campanhas de publicidade específicas para o partido, o governo e o presidente.

O "Paz, Trabalho e Liberdade" foi um tiro no alvo. Sucederam-se outros. O mais eficiente deles, porém, só foi disparado no fim do ano. A Televisão Popular de Angola (TPA) nunca exibira um *clipping*. Por causa da guerra, que impedia a livre circulação, os angolanos desconheciam as belezas do seu país. Geraldão resolveu apresentar Angola aos angolanos. Uma Angola bonita e orgulhosa. O acordo de paz fora firmado em maio. E as eleições, marcadas para setembro do ano seguinte.

Baiano de Salvador, o cinegrafista José Américo percorria o país desde junho colhendo imagens para o futuro programa de propaganda eleitoral do MPLA. Editou-se em câmera lenta o que ele tinha de melhor. Geraldão encomendou ao compositor Guarabira, da dupla Sá & Guarabira, uma música que exaltasse Angola, a paz e o desejo latente de reconciliação nacional. Guarabira compôs a toada "Angola no coração" sem nunca ter ido a Angola. O *clipping* foi ao ar no horário nobre da TPA.

Programado para ser exibido uma vez por dia durante um mês ou dois, ele só saiu do ar às vésperas do início da campanha eleitoral, tamanho foi seu sucesso. Encontros, festas e reuniões noturnas em qualquer ponto do país alcançado pela TV passaram a ter como referência a hora de exibição do *clipping*. "Angola no coração" virou uma espécie de hino não oficial do país. A música acompanhou João Paulo II durante os 10 dias de sua visita a Angola em julho de 1992.

Na véspera do retorno do papa a Roma, a televisão veiculou outro *clipping* com as mais emocionantes imagens da visita dele, editadas igualmente em câmera lenta e embaladas por "Angola no coração". Assessores do papa pediram uma cópia. A Rede de Televisão Portuguesa (RTP) pediu outra. A menos de três meses da eleição, João Paulo II convertera-se no mais poderoso cabo eleitoral de um presidente ateu que tinha filhos com três mulheres, e de um partido que banira a religião da rede pública de ensino e expropriara bens da Igreja Católica.

Até ali, tudo estivera a favor do MPLA e de José Eduardo. Eles haviam se reconciliado com a Igreja, impedido o surgimento de uma terceira força política e se aproximado do governo do presidente George Bush, o pai. José Eduardo seria o "Lulinha Paz e Amor" da eleição. "Angola no coração" daria lugar ao "MPLA no coração" dos programas eleitorais no rádio e na TV. Enquanto isso, embora assessorado por marqueteiros norte-americanos e sul-africanos, Savimbi seguia seus próprios instintos.

Isto significou: na maioria das vezes, apresentar-se fardado em comícios, exibir-se na companhia de soldados armados com metralhadoras, pronunciar discursos ameaçadores e espalhar o medo no interior para estimular a abstenção onde a Unita fosse fraca. Savimbi explorou também o fato de sua etnia representar 40% dos 10 milhões de angolanos, contra os 25% da etnia de José Eduardo.

A eleição realizada sob a supervisão da ONU e de mais de 400 observadores internacionais foi o duelo entre o candidato a pacificador do país (José Eduardo) e o candidato a chefe de todas as tribos (Savimbi).

Escrevi um diário, que permanece inédito, sobre os últimos dias da única campanha eleitoral da história de Angola até 2004. Ele reúne informações que apurei na intimidade do governo e do MPLA. Extratos do diário podem fornecer uma ideia do que foram os dias mais tensos e perigosos da minha vida até aqui.

O processo eleitoral ficou pela metade. Derrotado na primeira volta (primeiro turno), Savimbi deveria disputar a segunda com José Eduardo. Recusou-se. Disse que os resultados da primeira volta haviam sido fraudados. Fugiu para a mata, onde retomaria mais tarde a guerra de guerrilha. O que restou de força armada da Unita em Luanda tentou derrubar o governo. As ruas da cidade ficaram coalhadas de mortos e feridos. Eu estava lá e vi como o golpe começou.

* * *

17.8.92

Eu, Geraldão, Ana Maria Almeida e Rui Rodrigues nos reunimos no fim da tarde com o presidente José Eduardo. Ele leu as sinopses dos primeiros programas de propaganda eleitoral na televisão e comentou: "É, são questões técnicas. Eu privilegio os contatos com as massas." Ana Maria marcou uma longa entrevista com ele para o primeiro programa de televisão. José Eduardo jamais apareceu na TV em mangas de camisa. Os angolanos nunca o viram com a família.

20.8.92

Reunião com Rui de Carvalho, ministro da Informação. Geraldão comenta que a Unita deverá explorar na campanha casos de corrupção do governo. Que casos serão esses? E que respostas daremos?

— O problema é que agora é muito tarde — disse o ministro. — O presidente sempre alegou que nunca lhe apresentaram provas de corrupção.

— E se elas surgirem em plena campanha? — perguntei.

— Vamos deixar para outra altura, porque não temos defesa por enquanto — encerrou o ministro.

Reunião com o coronel João Lourenço, secretário de propaganda do MPLA. Ele diz:

— O plano de governo do partido deve ser explicado na TV e no rádio de forma genérica. Para que não perguntem depois: por que o MPLA não fez tudo isso antes?

21.8.92

Houston: temos um problema.

As pesquisas do Instituto Sensus, analisadas pelos cientistas Ricardo Guedes e Marcos Figueiredo, mostram que os angolanos veem o MPLA como o guia ideológico do regime. O governo é o presidente. Criticam o governo, mas preservam o presidente. Uma campanha inteligente poderá colar no presidente os defeitos do governo.

Os angolanos não sabem que o novo regime será parlamentarista. Imaginam que votarão em José Eduardo para que ele governe de fato. Não há mais tempo nem é conveniente tentar esclarecer essa questão.

O MPLA recusa-se a apresentar propostas concretas de governo no rádio e na televisão. O presidente não pode apresentar para evitar o risco de ouvir de um adversário que o governo será do partido, e não dele.

Houston, não temos um. Temos vários problemas.

22.8.92

O coronel João Lourenço informa que os programas de rádio e de TV da Frente Democrática Angolana (FDA) serão produzidos por nós em segredo. FDA é uma dissidência da Unita comprada a peso de ouro pelo MPLA.

Fomos à casa do coronel gravar o depoimento da mulher dele para o programa de TV do MPLA. À saída, ela disse:

– Não separem na propaganda José Eduardo do partido. Senão vocês arrebentarão o MPLA.

Separamos. Serão campanhas distintas com material de propaganda distinto.

No início do ano, quando os partidos negociaram os termos da lei eleitoral, convencemos o governo de que deveriam ser separados os programas de propaganda dos candidatos a presidente dos programas de propaganda dos candidatos à Assembleia do Povo. Com isso, queríamos blindar o presidente contra críticas dirigidas ao partido...

23.8.92.

Nos programas de rádio e televisão, José Eduardo só abordará temas institucionais: paz, estabilidade, reconstrução nacional, estado de direito. O *slogan* da campanha será: "José Eduardo, o Futuro Tranquilo." Ele não responderá a ataques. Nem atacará.

Os cardeais do MPLA aparecerão na TV o mínimo possível. O programa apresentará as novas caras do partido – se é que elas existem.

Luciano Andrade, com quem trabalhei em Salvador e Brasília, fez uma foto antológica de Savimbi fardado e esboçando o gesto de sacar o revólver pendurado na cintura. Cartazes com a foto serão distribuídos aos milhares.

Até o fim do ano passado, a TV só atingia metade do país. Agora, atingirá o país todo. Centenas de aparelhos de TV foram instalados nas pracinhas das cidades mais ermas.

A TV será a novidade da campanha.

Geraldão aposta que Savimbi jogará todas as suas fichas no programa de rádio. Ele não tem cultura de televisão. Vive embrenhado no mato há mais de 25 anos.

27.8.92

Em comício para 70 mil pessoas na Província de Malange, José Eduardo disse que não dissolverá o exército do MPLA enquanto Savimbi não dissolver o da Unita. O acordo de paz, vigiado de perto pela ONU, prevê a formação de um exército nacional com oficiais e soldados dos dois lados.

Ana Maria dirigiu à noite a gravação do primeiro programa da FDA. N'Zau Puna, ex-secretário-geral da Unita, acusou Savimbi de estuprar mulheres e fazer bruxarias.

O Conselho Nacional Eleitoral estima que cinco milhões de eleitores poderão votar nos dias 29 e 30 de setembro.

31.8.92

Atentado ontem em Huambo contra a comitiva do general Kundi Payama, coordenador da campanha do MPLA. Um morto e três feridos. Payama escapou ileso.

No Bié, província onde nasceu Savimbi, uma tropa do exército do MPLA destruiu o comitê eleitoral da Unita. A Unita revidou disparando morteiros contra o palácio do governador, que é do MPLA.

Estamos cada vez menos seguros em Luanda — seja nos hotéis onde dormimos (Tivoli e Presidente), seja na Orion, produtora onde passamos o dia trabalhando nos programas de rádio e televisão do MPLA, do presidente e agora da FDA.

Fui com Geraldão ao coronel João Lourenço e disse, em nome da Propeg, que ou o governo garante nossa segurança ou iremos embora. Em comício recente, Savimbi denunciou "brasileiros mercenários a serviço do MPLA".

4.9.92

A segurança da Orion começou a ser feita pela Polícia Antimotim, uma espécie de Polícia Militar. Agentes de segurança de José Eduardo passarão a andar conosco.

Rui Rodrigues ouviu de José Patrício, representante informal do MPLA em Washington: "Já nos acertamos com os americanos." Não disse a Rui o que foi acertado.

Eu e Geraldão jantamos com John Baash, o homem da CIA em Luanda. Ele serviu na embaixada dos Estados Unidos no Brasil.

— Falam que a Unita prepara um golpe. Se ele acontecer, só quero que nos avise com alguma antecedência para que possamos tirar nosso pessoal daqui — disse a Baash.

Ele riu e respondeu:

— Vocês têm condições de saber do golpe primeiro do que eu. Mas eu os avisarei se souber antes.

Baash confessou que é muito difícil assessorar Savimbi. Revelou que o governo norte-americano abrirá sua embaixada em Luanda, ganhe quem ganhar. Quanto a uma possível fraude eleitoral patrocinada por seu governo, observou, bem-humorado:

— Fraude? Vocês estão preocupados com fraude? Neste país tem fraude até em concurso de miss.

Há alguns anos, fraudou-se o resultado do concurso Miss Angola.

11.9.92

Onofre dos Santos, diretor-geral das eleições, quis comprar a Angola Comercial, empresa de ferragens. Pagaria à vista 150 milhões de kuanzas de um total de 300 milhões. A empresa foi vendida pelo governo a outra pessoa. Onofre estava indignado quando encontrou ontem Lopo do Nascimento, um dos líderes históricos do MPLA:

— Vim de Portugal chamado pelo governo para dirigir as eleições. Se não aproveitar o momento para resolver minha vida, terei de voltar a Portugal. Tenho família e dívidas. E agora me fazem isso.

Conversa com o jurista Pitra Neto, assessor do presidente:

— José Eduardo manteve-se no poder durante todo esse tempo porque liberou a corrupção.

Falta água em Luanda.

Armazeno água na banheira do meu apartamento do Tivoli. Às vezes, tomo banho de cuia.

Em 1991, fui ao Brasil e voltei 11 vezes. Este ano, oito. Cá estou há três meses.

13.9.92

Savimbi está sem discurso. Não usa a seu favor a conversão do MPLA às teses que a Unita sempre defendeu: democracia, multipartidarismo, economia de mercado. José Eduardo tomou dele as bandeiras da paz, da reconciliação nacional e da reconstrução do país. Faz o discurso da experiência. Savimbi, o do tribalismo.

A Unita errou exigindo eleições já, segundo Marcos Figueiredo. Se elas ficassem para daqui a dois anos, os angolanos veriam que, mesmo sem guerra, o MPLA e José Eduardo são ruins de serviço.

14.9.92

Savimbi disse em seu programa de televisão que no dia 1º de outubro constituirá um governo da Unita. É o primeiro sinal público de que só aceitará os resultados das eleições se vencê-las.

É grave a situação em Cabinda, um enclave de Angola no Congo. Repousa sobre um mar de petróleo explorado por companhias inglesas, francesas e norte-americanas. O exército do MPLA revoltou-se ali contra o atraso de salários. Morreram 15 soldados.

Haverá eleições nas áreas controladas só pela Unita.

Francisco Souza, irmão de Geraldão, ouviu ontem em Lisboa a conversa de dois membros da Unita no restaurante do hotel Holiday Inn. Um deles disse: "Ou melhoramos depressa nosso programa de televisão ou paramos o deles. Ou paramos o deles ou paramos os responsáveis pelo programa."

15.9.92

Dez elementos da FDA foram sequestrados pela Unita na província de Benguela. O programa de televisão da FDA, coordenado por Ana Maria, faz mais sucesso do que o programa do MPLA. É pau puro em Savimbi.

Armado nosso esquema de fuga. Temos um avião alugado no aeroporto de Arare, capital do Zimbábue. Uma vez chamado, em duas horas estará em Luanda.

17.9.92

Reuni-me com o embaixador de Cuba. Perguntei se nos abrigaria na embaixada caso a Unita dê um golpe. A embaixada fica pertinho da Orion. Ele respondeu:

– Claro que sim. Mas a embaixada será um dos primeiros alvos da Unita.

Ele também está pronto para fugir.

20.9.92

Dez integrantes da segurança pessoal de José Eduardo foram sequestrados pela Unita em Andulo, cidade da província do

Bié. Preparavam o comício do presidente. O coronel João Lourenço disse a Geraldão: "A gente põe para tocar a música 'Angola no coração', mas tudo é uma grande farsa. Estamos quase em guerra novamente."

21.9.92

A nove dias das eleições, a Unita ocupou o aeroporto do Kuito, capital da província do Bié. Na província de Huíla, o general Payama foi alvo de um novo atentado. Escapou sem arranhões. Em Luena, capital da província de Moxico, sete mortos e 14 feridos em um choque entre soldados da Unita e da Polícia Antimotim.

O espaço aéreo e as fronteiras do país serão fechados nos dias 29 e 30. Um avião da Varig decolará de Luanda para o Rio no dia 28. É nele que seguirá nossa equipe. Decidimos ficar — eu, Geraldão, Rui e Ana Maria.

Descarregaram no porto de Luanda mais 120 contêineres com material de campanha do MPLA. Outros 180 ainda estão carregados. Inventário da carga: 1.500 jipes Land Rover com ar-condicionado; três mil bicicletas; mil motos; 3.340 mil camisetas (chamadas aqui de camisolas); milhões de pares de sandálias, abridores de garrafa, sacolas escolares etc... São mais de 60 tipos de brindes para os eleitores.

Números da ONU: 25 mil pessoas estarão ocupadas com as eleições nos dias 29 e 30. Parte delas será transportada em 54 helicópteros e 12 aviões. Haverá seis mil postos de votação.

O general Alberto Chivukuvuku, homem de confiança de Savimbi, disse ao embaixador italiano que nem um milagre salvaria a Unita da derrota.

Orientamos o *Jornal de Angola*, a Rádio Nacional e a TPA a evitarem críticas à Unita e a Savimbi. Há brasileiros nos três veículos dizendo o que deve e o que não deve ser divulgado.

23.9.92

Lopo do Nascimento almoçou hoje com o chefe da representação comercial norte-americana. Ouviu dele: "Savimbi está desatinado. Não temos condições sequer de falar com ele sobre uma possível derrota da Unita." Sugeriu que José Eduardo garanta a Savimbi que ele não será preso se perder a eleição, não será condenado em nenhum processo, não perderá a casa que ocupa no setor de embaixadas, e que terá dinheiro de sobra para se manter.

24.9.92

O ministro da Informação aconselhou-nos a ir embora antes das eleições. Pediu que levássemos o filho dele, Sérgio, um rapaz de 20 anos.

Manifestantes da Unita tentaram invadir os estúdios da Rádio Nacional e da TPA. Nosso pessoal na TPA, sob o comando de Nestor Amazonas, teve que fugir pulando o muro dos fundos.

Em entrevista a um canal de TV inglês, Savimbi disse que a Unita é majoritária no país. Se perder é porque foi roubada. Se for, ele não acatará os resultados.

A jornalista Luzanira Rego, que trabalha conosco, prevê há um ano a retomada da guerra. O jornalista Luiz Ricardo Leitão, que cuida do *Jornal de Angola*, também.

26.9.92

José Eduardo e Savimbi reuniram-se no começo da noite. A extinção formal dos dois exércitos está marcada para amanhã, bem como a assinatura de uma nota em que se comprometem a acatar os resultados das eleições.

Anteontem, Savimbi fez comício em Malange e soltou uma pomba branca. A pomba voou um pouquinho e se estatelou no chão. Um cinegrafista da TPA registrou o voo malsucedido. Por sugestão de José Américo, o episódio foi explorado no programa do MPLA gozando Savimbi e a Unita. Não se comenta outra coisa em Luanda.

28.9. 92

Nosso pessoal embarcou de volta para o Brasil esta manhã. Com duas horas de voo, o DC-10 da Varig apresentou defeito e retornou a Luanda. Decolou de novo à noite.

2.10. 92

Aconteceu o que parecia impossível: a votação transcorreu em paz. Onofre dos Santos, diretor-geral das eleições, disse que José Eduardo será eleito sem precisar disputar uma segunda volta.

A ONU declarou que as eleições foram "limpas e justas". Savimbi só atende os telefonemas do secretário-geral da ONU, Boutros Gali, seu amigo. Ninguém tem coragem de lhe dizer que a Unita perdeu.

Acampamos no prédio da Rádio Nacional desde o dia 30. Ali funciona o sistema paralelo de apuração do MPLA.

O *Público*, o jornal mais importante de Portugal, disse no dia 30: "Sejam quais forem os resultados, as eleições angolanas já têm um vencedor: os brasileiros que fizeram a campanha do MPLA e do presidente José Eduardo dos Santos."

O jornal *Washington Post* publicou algo parecido.

3.10. 92

Euforia no prédio da Rádio Nacional: José Eduardo será eleito com 53% a 55% dos votos, segundo a mais recente projeção.

De madrugada, em entrevista à emissora de rádio da Unita, Savimbi acusou o governo e o Conselho Nacional Eleitoral de manipularem os resultados das eleições. Advertiu que o país deve se preparar "para graves perturbações". (Luzanira tinha razão.)

Somente hoje o general José Maria, assessor direto do presidente, contou a Ana Maria que o serviço de inteligência do governo descobriu um plano da Unita para sequestrar alguns membros da nossa equipe. O plano foi abortado.

Embarco amanhã para Lisboa, onde Rebeca me espera. Depois de três anos metido em campanhas, já tenho dinheiro suficiente para comprar uma casa.

* * *

Resultado oficial da primeira volta das eleições angolanas: José Eduardo obteve 49,6% dos votos contra 40,7% de Savimbi e 2,1% de Holden Roberto. Votaram 91% dos eleitores inscritos. O MPLA elegeu 129 dos 220 deputados, a Unita, 70. A FDA, dos dissidentes da Unita, elegeu um. Não haveria segunda volta se José Eduardo tivesse obtido 50% dos votos mais um.

Savimbi recusou-se a disputar a segunda volta da eleição. Fugiu de Luanda escondido dentro de um carro no dia 3 de outubro. Foi para Huambo. No fim de outubro, a tropa da Unita que ainda restava em Luanda tentou derrubar o governo do MPLA.

Oficialmente, morreram pouco menos de duas mil pessoas em uma semana de guerra urbana. Ouvi de um general que, na verdade, morreram de seis a oito mil. Eu e Geraldão estávamos em Luanda na quinta-feira à noite, quando o golpe começou.

Chegáramos na véspera, chamados pelo coronel João Lourenço, que queria examinar os preparativos para a segunda volta da eleição.

Na quinta-feira pela manhã, fomos ao Futungo de Belas visitar o general Kopelipa, chefe do serviço de inteligência do governo. Ele arregalou os olhos quando nos viu e disse:

— O que fazem aqui? Estão loucos? A Unita dará o golpe amanhã ou depois. Voltem ao Brasil imediatamente. Não podemos garantir sua segurança.

Tínhamos passagens marcadas para Bruxelas no voo da Sabena na tarde do dia seguinte. A Varig só voava Luanda-Rio às quartas-feiras. Na noite da quinta-feira, da janela de um apartamento do Hotel Tivoli, assistimos às primeiras escaramuças na larga avenida que corria mais embaixo.

Vindo de Bruxelas, o voo da Sabena faria uma escala em Luanda na manhã da sexta-feira, decolaria para Kinshasa, capital do Zaire, voltaria a Luanda no fim da tarde e retornaria a Bruxelas.

Na manhã da sexta-feira, não fez escala em Luanda. O aeroporto fora tomado por soldados do MPLA. Havia tiroteio no centro da cidade e em vários bairros. Acuados, os soldados da Unita tiraram as fardas e passaram a lutar em trajes civis. Soldados do MPLA fizeram o mesmo.

Dois exércitos de negros à paisana se enfrentaram nas ruas de uma cidade de quase dois milhões de habitantes! Quer dizer: todo mundo atirava em todo mundo.

Almoçamos no Hotel Presidente, onde o gerente português servia às sextas-feiras algo que lembrava uma feijoada. Fomos os únicos fregueses.

No meio da tarde, a Sabena informou que seu avião pousaria em Luanda. Embarcamos em meio à confusão causada por centenas de angolanos que se amontoavam nos balcões das companhias à procura de vagas em outros voos. O da Sabena foi o último voo comercial a decolar de Luanda até o restabelecimento da paz na cidade.

A Unita tomou mais da metade do país em menos de dois anos. O exército do MPLA reagiu e recuperou aos poucos o território perdido. Finalmente, às 15 horas do dia 22 de fevereiro de 2002, no interior do Moxico, Savimbi foi cercado e morto por soldados do MPLA. Viveu e lutou na mata durante 36 anos.

Nas terras do capataz

> *"É direito do jornalista manifestar livremente o pensamento, exercendo a profissão sem censura política, ideológica ou social.*
>
> *É dever do jornalista relatar as notícias com clareza e independência, sem levar em conta os interesses do grupo econômico que edita o jornal ou dos anunciantes."*
>
> (Código de Ética do *Correio Braziliense* que vigorou até 1º de novembro de 2002.)

Imagine um jornal que admitisse em manchete de primeira página que errou e, em página interna, contasse como e por quê. Um jornal em que os jornalistas fossem proibidos de esconder sua condição de jornalistas, mesmo que isso lhes custasse o acesso a muitas fontes de informação.

Pense num jornal capaz de publicar que seu vice-presidente está sendo investigado pela Receita Federal por suspeita de contrabando. E que a empresa dona do jornal foi multada por invadir área pública para ampliar seu estacionamento.

Onde haveria um jornal que jogasse no lixo entrevista exclusiva com o presidente da República ao concluir que ele nada dissera de importante? Mas que, ao mesmo tempo, reservasse sua edição de ano-novo para ser escrita — da primeira à última página — unicamente por leitores?

Seria possível um jornal ousado o bastante para fazer uma capa semelhante a uma carta de baralho, com dois cabeçalhos, duas manchetes, sendo uma o inverso da outra, de modo que, girando o exemplar, o leitor pudesse escolher qual das duas possibilidades tinha ocorrido durante a madrugada? (a vitória ou derrota do Brasil diante da Inglaterra na Copa do Mundo de 2002).

Como crer na existência de um jornal em que a opinião de secretárias, *boys* e telefonistas pudesse pesar tanto quanto a opinião de um editor na hora de escolher a fotografia ou o título principal? Ou então o impensável: em que jornalistas, que costumam manter distância dos patrões, invadissem a antessala do gabinete do presidente de 80 anos de idade para pedir que ele não renunciasse ao cargo?

Existiria um jornal assim? Um jornal assim poderia existir?

Sempre achei que não. E jamais conhecera um.

Mas entre fevereiro de 1994 e outubro de 2002, o *Correio Braziliense* foi assim. Ou acabou se tornando assim. Até que um dia deixou de ser assim.

[No dia 3 de agosto de 2000, o jornal disse que o ex-secretário da presidência da República Eduardo Jorge Caldas Pereira se metera em negócio suspeito com o Banco do Brasil. Não se meteu. A manchete "O grande negócio de Jorge" deu lugar, no dia seguinte, à manchete "O *Correio* errou".

O Código da redação do *Correio* impunha aos jornalistas sete direitos e 23 obrigações. Uma delas: respeitar meios lícitos na apuração de notícias. Jornalista não podia ocultar sua condição de jornalista. Fotógrafo não podia devassar a intimidade de ninguém. Só se publicava conversa telefônica gravada com autorização judicial.

O vice-presidente do *Correio*, Ari Cunha, foi investigado por fiscais da Receita Federal que, no primeiro trimestre de 1998, desmontaram em Brasília uma rede de contrabandistas. Ele assinava a mais antiga coluna diária do jornal. A coluna só voltou a ser publicada depois que a Receita inocentou Cunha.

O *Correio* recusou-se a divulgar entrevista do presidente Itamar Franco concedida a dois de seus repórteres. A entrevista era fraquinha. Itamar não reclamou.

Em compensação, editores reclamavam quando a opinião de secretárias, *boys* e telefonistas prevalecia sobre a deles. Era a maneira que eu tinha, ao fazer a capa, de ouvir de vez em quando uma opinião mais próxima da opinião de leitores comuns.

Pouco mais de 100 jornalistas bateram à porta de Paulo Cabral, na manhã do dia 25 de outubro de 2002, para pressioná-lo a não renunciar ao cargo de presidente do *Correio*. Temiam que sua saída resultasse na mudança da linha editorial independente do jornal.

Cabral chorou, mas manteve sua decisão. Alguns jornalistas também choraram. No dia seguinte, a pedido deles, o jornal publicou a "Carta aberta dos jornalistas do *Correio Braziliense*". Assinada por 152 de um total de pouco mais de 160, ela dizia a certa altura:

"Corremos o risco de perder o gravador, a caneta, a máquina fotográfica, os olhos e os ouvidos da Brasília de que tanto gostamos."

A linha do jornal mudou dali a seis dias. O *Correio* aderiu incondicionalmente ao governador Joaquim Roriz.]

* * *

Em meados de setembro de 1994, temi que fosse interrompida a aventura de reformar o *Correio*. De fevereiro até aquela data, a circulação do jornal crescera sem parar. Mas, paralelamente, engrossara o movimento de empresários e políticos inconformados com a nova postura do jornal. Em duas ocasiões, o então governador Joaquim Roriz visitara Cabral para manifestar sua estranheza pelo que estava acontecendo.

Assisti a uma dessas visitas. E ouvi Cabral dizer:

— Joaquim, o país mudou, tudo está mudando, e o jornal tem de mudar também. Não dá mais para o *Correio* proteger os amigos.

Roriz achava que dava, sim — e, como ele, o filho mais velho de Cabral, Paulo Cabral Jr., dono de uma das três agências responsáveis pela propaganda do governo do Distrito Federal. Conheci Cabral Jr. na Propeg e trabalhamos em Angola. Ele avalizara junto ao pai minha indicação para diretor de redação. Logo se arrependeu. Queria que, dentro do jornal, eu protegesse os clientes de sua agência. Uma vez mandou-me a relação desses clientes. Eu não os protegi.

Cabral Jr. admitiu sua insatisfação no dia em que festejou em casa a eleição do pai para a presidência da Associação Nacional de Jornais. Foi numa madrugada fria de setembro. Os convidados da festa haviam ido embora. Estávamos sentados a uma mesa de canto do terraço da casa: ele, o pai, o irmão João, José Negreiros, editor executivo do jornal, e eu.

— Papai, Noblat está fodendo o *Correio*. Eu só ouço reclamações. O jornal vai acabar quebrando — desabafou Cabral, o filho. Cabral, o pai, não respondeu. Ninguém respondeu. Cabral, o filho, continuou:

— Conheço empresário disposto a reduzir seus gastos com publicidade no jornal. Ou a deixar de anunciar. O governador está puto da vida. O *Correio* não pode ficar contra essas pessoas. É loucura, completa loucura.

Cabral, o pai, bateu forte com a mão direita na mesa e cortou:

— Paulinho, o jornal é problema meu. E eu sei cuidar dele.

Ganhei a confiança de Cabral porque nada fiz no *Correio* sem a aprovação prévia dele. E nada lhe omiti.

Com três meses no cargo, recebi em minha sala um dos diretores do jornal. Depois de tomar um café, ele foi direto ao assunto:

— Você é um idiota, Noblat. Sentado nessa cadeira, se quiser ficará rico em menos de um ano.

— Mas rico, como? Meu salário é menor do que o seu.

— Não precisa fazer nada de mais. Basta facilitar certas coisas.

— Mas facilitar o quê?

— Não se faça de bobo, você sabe.

Contei o diálogo a Cabral. Ele me disse que o diretor estava brincando. Por temperamento, Cabral era um conciliador.

O segundo turno da eleição para governador de Brasília foi disputado em 1994 por Valmir Campelo, candidato de Roriz, e Cristovam Buarque, candidato do PT. Um pesquisador a serviço da campanha de Valmir me procurou e disse:

— Valmir sabe que você já fez várias campanhas políticas pela Propeg...

— É, fiz.

— Ele precisa de uma assessoria especial nesse segundo turno... De alguém que lhe dê conselhos.

— Sim, e daí?

— Daí que poderia ser você.

— Dirigindo um jornal, não posso.

— Você só precisa se reunir com ele. E não precisa escrever nada.

— Mas não dá. Haveria um conflito de interesses...

— Ele está disposto a pagar até R$ 600 mil pela assessoria...

Na época, um real era igual a um dólar.

Recusei o convite. Contei a conversa a Cabral. E ouvi dele que eu agira bem. Ora, eu sabia que agira bem.

— Vai ver que o Valmir nem sabe que esse sujeito veio lhe fazer um convite para assessorá-lo — disse-me Cabral.

Eu quitara mais de um ano antes um apartamento de três quartos comprado à construtora Wigberto Tartuce. Recebera as chaves do apartamento, mas ainda não o alugara.

O administrador da construtora telefonou para minha mulher dizendo que Tartuce mandaria instalar uma cozinha novinha em folha no apartamento.

— Mas por quê? — perguntou Rebeca.

— Porque Noblat agora é diretor do *Correio*. E não pega bem para vocês terem um apartamento tão modesto.

Rebeca recusou a oferta. Informado, Cabral me disse que Tartuce estava só querendo me agradar. Que não desse importância ao fato. E que tocasse o trabalho.

Entre 1994 e 1996, toquei o *Correio* sem dispor de um projeto editorial para ele. Faltavam pesquisas que me esclarecessem questões básicas, tais como: qual o perfil dos leitores? Do que gostavam e do que não gostavam no jornal? Como o liam? Encontravam facilmente ou não o que procuravam?

A maioria dos jornalistas do *Correio* resistia à proposta de mudá-lo. E os que eu tentava contratar não acreditavam que o jornal pudesse mudar um dia. Diziam que o jornal era governista, pagava mal, estimulava o duplo emprego e fazia parte de um grupo em que o jornalismo não era levado a sério. (E não era mesmo.)

Eu rebatia os argumentos contando histórias que não os convenciam.

No meu primeiro dia como diretor de redação, por exemplo, um ex-deputado federal de Brasília fora assassinado dentro do seu carro na companhia de uma mulher que não era a dele. O *Correio* publicou a notícia, a cidade levou um susto e dois diretores do jornal vieram reclamar.

No carnaval de 1994, o presidente Itamar Franco fora fotografado num dos camarotes do Sambódromo, no Rio de Janeiro, ao lado de uma candidata a celebridade que esquecera a calcinha em casa.

Consultei Cabral, que descansava no interior do Rio, em um sítio do amigo Armando Falcão, ex-ministro da Justiça do governo Ernesto Geisel.

— Mas ela está mesmo sem calcinha? — perguntou Cabral, curioso.

— Completamente.

— E dá para ver tudo?

— Que dá, dá. Mas, se o senhor quiser, posso cortar um pouco da foto de modo a não aparecer tudo... Os outros jornais publicarão.

— Então faça isso, meu filho. Mas cuide para não expor tanto o presidente.

Publiquei a fotografia no alto da capa. Cortei-a só um pouco.

O *Correio* descobriu que o ginecologista mais prestigiado pela sociedade de Brasília respondia a processo por abuso sexual de clientes de baixa renda. Ele também era médico das mulheres de dois diretores do jornal.

Ao dar a notícia, o *Correio* apareceu no *Jornal Nacional* da TV Globo pela primeira vez.

Quando a revista *Time* citou o *Correio* em uma notinha de três linhas, publicamos um anúncio de página inteira:

"Faça como a revista *Time*: leia o *Correio*."

Aprendi nos meus três anos de Propeg que, se você não celebrar seus êxitos, ninguém celebrará.

No *Correio*, aprendi que você pode transformar erros em acertos – basta confessá-los e se esforçar para não repeti-los.

Confessei na capa do jornal que erráramos ao publicar que o ex-governador Orestes Quércia seria condenado pelo Superior Tribunal de Justiça; que a vice-governadora do Distrito Federal acumulava salários, e que havia em Brasília uma família de aidéticos.

Sem sabermos direito o que fazer com o *Correio*, eu, Negreiros, Armando Mendes, Chico Amaral, Cláudio Versiani, Ana Beatriz Magno, Antônio Vital, e mais alguns poucos que ali chegaram no início de 1994, concordamos em perseguir pelo menos cinco metas avalizadas por Cabral:

- publicar tudo que fosse notícia;
- barrar a publicação de *releases*;
- pagar salários melhores para eliminar o duplo emprego na redação;
- experimentar novas formas de escrever as notícias e de apresentá-las;
- e admitir erros e pedir desculpas por eles.

Só um dos cinco objetivos não foi integralmente cumprido: o de publicar tudo que fosse notícia. Notícia que deixasse mal o Poder Judiciário passava pelo crivo de Cabral que, em muitos casos, a vetava. O Grupo Associados responde a centenas de processos na Justiça desde a morte do seu fundador. Para sobreviver, não pode se arriscar a perder alguns deles.

O *Correio* é o único jornal do país que publica um caderno semanal com artigos de advogados, juízes e ministros de tribunais. Eles disputam espaço ali. O caderno é um poderoso instrumento de *lobby* dos Associados.

O medo de expor as mazelas do Judiciário contamina a mídia no Brasil. Ela é capaz de derrubar um presidente da República, como foi o caso de Collor. E de forçar outro — no caso, Lula — a virar um clone do seu antecessor. Mas ela se borra de medo de um juiz de primeira instância.

* * *

Orientado por pesquisas e precedido de uma esperta campanha publicitária, o "novo *Correio*" deu finalmente o ar de sua graça no dia 21 de abril de 1996. Parecia outro jornal, devido ao arrojado projeto gráfico de Chiquinho Amaral. E também porque oferecia novas seções e cadernos, e mais espaço para o noticiário local. Chocou os leitores mais conservadores. Por serem conservadores, eles continuariam lendo o *Correio*. Jornal é hábito.

De certa maneira, o "novo *Correio*" foi um ensaio para o jornal que faríamos depois — o "*Correio 2000*". Este ingressou no novo século dando ênfase ao planejamento, à força do *design*, a notícias exclusivas, a grandes reportagens, à antecipação de fatos, a novos conteúdos e à interferência direta dos leitores no processo de concepção do jornal.

Foram criados Conselhos de Leitores para orientar o noticiário das principais editorias do *Correio*. Leitores reuniam-se com editores e repórteres a cada quinze dias, criticavam as edições passadas e sugeriam assuntos que deveriam ser mais bem explorados. Trabalhavam gratuitamente. E, ao fim de seis meses, ganhavam um diploma e eram substituídos.

A dobradinha Código de Ética e Conselhos de Leitores assustou mais ainda os insatisfeitos com a linha do jornal. Quem vê Brasília pela televisão só conhece sua face cartão-postal — a Esplanada dos Ministérios com o prédio do Congresso ao fundo, os palácios do Planalto e da Alvorada, as Asas Norte e Sul, e a área nobre da região do lago Paranoá, onde se concentra a renda *per capita* mais alta do país.

Na verdade, essa é a menor fatia de Brasília, chamada de Plano Piloto. A maior, que raramente desperta a atenção da mídia nacional, lembra mais o interior de Goiás do que a moderna capital da República planejada pelo urbanista Lúcio Costa. E não só pela crescente população pobre alocada em sua periferia — mas pela mentalidade caipira de muitos dos seus mais destacados líderes. Roriz é o mais longevo e bem-sucedido deles.

Goiano, filho e genro de fazendeiros, semianalfabeto, foi nomeado governador de Brasília pelo presidente José Sarney em 1988. Seu sogro, Jorge Pelles, ex-dono das terras onde hoje se situa o Plano Piloto, comemorou a nomeação com uma frase que se tornou célebre:

— Até que enfim arrumei um capataz para minha fazenda.

Um capataz eficiente. Que fez carreira política doando terras públicas em troca de votos. E que nunca teve vergonha de ser tachado de populista. Exibe-se, em época de eleição, ao lado de uma imagem de Nossa Senhora de Fátima. E já desembarcou de helicóptero no meio de multidões ao som de "Jesus Cristo, eu estou aqui", música de Roberto Carlos.

Ao se eleger governador pelo voto direto em 1990, Roriz teve o apoio unânime da mídia local, aí incluído o *Correio*. Como o jornal não o apoiou nas duas ocasiões seguintes em que concorreu, Roriz hostilizou-o tanto quanto pôde. Empenhou-se a fundo em me derrubar — e, mais tarde, a Cabral. E nem minha família escapou ilesa dos efeitos da campanha movida por ele contra mim.

A 20 dias do segundo turno da eleição de 1998, apareceu uma faixa estendida entre dois postes defronte ao colégio onde estudava meu filho Gustavo, então com 16 anos. Os dizeres da faixa sugeriam que ele era homossexual.

Logo depois do segundo turno, um grupo de estudantes, cabos eleitorais do senador eleito Luiz Estêvão de Oliveira, aliado de Roriz, espancou meu filho André, de 18 anos, no pátio da universidade onde ele estudava. Caíram sobre ele de surpresa. A agressão foi testemunhada pelo assessor informal de Luiz Estêvão, um rapaz de nome Luiz Felipe. Ele impediu que um amigo de André o socorresse.

Levados para a delegacia da Asa Norte, os agressores foram confortados ali por Antônio Moraes, um dos agentes de segurança das campanhas de Luiz Estêvão e de Roriz. Eu estava lá e vi.

Moraes fazia política estudantil secundarista junto com Cleusimar Alves de Andrade. Os dois sempre foram ligados a Luiz Estêvão. No dia em que André apanhou, Cleusimar cumpria pena por ter participado do sequestro da filha de Luiz Estêvão, Cleucy, ocorrido um ano antes. Cleucy ficou uma semana em poder dos sequestradores. À noite, Cleusimar tomava conta dela no cativeiro.

Segundo me contou à época o próprio Luiz Estêvão, Cleusimar e Moraes o procuraram quando Cleucy ainda estava desaparecida. Demonstravam preocupação com a menina. Queriam saber se ele tivera notícias dela.

Não sei se a polícia investigou o possível envolvimento de Moraes no crime. Sei que a amizade dele com Cleusimar e a ida dos dois ao encontro de Luiz Estêvão quando Cleusimar já era um dos sequestradores de Cleucy não impediram Moraes, menos de um ano depois, de servir como segurança das campanhas do senador e do governador eleitos.

No dia em que ganhou o direito de governar Brasília pela terceira vez, Roriz traiu seu estado de ânimo com relação ao *Correio*. Disse para os correligionários reunidos em sua casa:

— Ganhei contra tudo e contra todos e derrotei o maior jornal da cidade. — (Em meados de 2002, reunido com executivos da Rede Globo, ele diria: — Quebrei o *Correio*. E só não quebro vocês porque são muito fortes.)

Duas semanas depois de ter tomado posse, Roriz, o assessor de imprensa dele, eu e João Cabral, àquela altura diretor executivo do *Correio*, jantamos na casa de um amigo comum. Eu e o assessor de Roriz não abrimos a boca.

Com muito tato, João explicou a Roriz por que o jornal deixara de ser governista e o quanto lucrara com isso nos últimos quatro anos. Mencionou os prêmios de jornalismo ganhos desde então. E, por fim, disse que o *Correio* nada tinha contra ele e que apoiaria todos os seus bons atos.

João não disse, mas ficou implícito que o jornal combateria os maus atos.

O governador ouviu João em silêncio por quase 15 minutos. Depois replicou mais ou menos assim:

— Eu compreendo a posição de vocês. E não espero que o *Correio* se alie ao governo. Mas vejam: vocês são empresários. A empresa de vocês precisa dar lucro. O governo é o maior anunciante. Logo, interessa a vocês que eu faça um bom governo e que nossas relações sejam boas.

Nada mais de essencial foi dito até o fim do jantar. Despedimo-nos com cordialidade. Quando o carro do governador partiu, comentei com João:

— Ele não entendeu ou não quis entender o que você disse. Daqui para a frente, só teremos problemas.

Dito e feito.

No final de janeiro de 1995, o semanário *Jornal da Comunidade*, que apoiava Roriz, publicou entrevista do publicitário Dimas Thomas, responsável pelo programa de televisão do primeiro turno do governador Cristovam Buarque, candidato do PT à reeleição. Afastado da campanha no segundo turno, Dimas rompera com Cristovam e ajudara Roriz.

A entrevista fora combinada com o jornal para que Dimas denunciasse irregularidades na Secretaria de Comunicação do governo Cristovam. Ele fez acusações vagas e sem provas. Mas em dado momento da entrevista, em resposta à pergunta sobre se minha mulher havia trabalhado na campanha de Cristovam, disse que sim. E que ela ganhara muito dinheiro. Mentiu duas vezes.

Pergunta e resposta somadas não tomaram mais do que dez linhas da entrevista publicada em duas páginas. Foi o suficiente, contudo, para que o líder do governo na Câmara Distrital, deputado José Edmar, propusesse a criação do que batizou de "CPI da Rebeca". Como Roriz controlava a maioria dos votos na Câmara, a CPI foi aprovada.

Jamais seria instalada. Porque não fora criada para ser instalada e sim para me chantagear e ao jornal. A cada reportagem do *Correio* que incomodava o governador além da conta, ele e seus aliados se valiam dos demais jornais para atacar a honra da minha mulher e a minha. E diziam que em breve a "CPI da Rebeca" provaria o quanto eu era desonesto.

— Brasília sabe que Noblat e sua mulher têm uma empresa de assessoria de imprensa que ganhou muito dinheiro no governo do PT. O *Correio* só trata bem quem tem contratos com essa empresa — acusou o governador em visita a uma cidade-satélite no segundo semestre de 1999.

— A cidade tem conhecimento dos fatos que acontecem com a empresa da esposa de Noblat. O assunto está de boca em boca. Noblat hoje manda na empresa e determina o que deve ser feito — fez coro Ari Cunha, vice de Cabral, em carta aos condôminos. Cabral limitou-se a adverti-lo.

O assessor de imprensa de Roriz publicou um artigo no *Jornal de Brasília* me nomeando líder da oposição ao governo do Distrito Federal. No mesmo jornal, o deputado José Edmar escreveu que eu merecia levar uma surra e que recentemente escapara de uma. (Em dezembro de 2003, José Edmar não escapou à prisão de 29 dias, acusado de formação de quadrilha.)

Mediante empréstimo especial concedido pelo banco do governo, o *Jornal de Brasília* fora comprado por dois aliados de Roriz — e um deles, pelo menos, não tinha biografia, tinha prontuário. O empresário Lourenço Rommel Peixoto havia sido condenado por falcatruas cometidas na Central de Medicamentos durante o governo Fernando Collor. (Em maio de 2004, foi preso como integrante da máfia que superfaturava preços de remédios para tratamento de hemofílicos.)

Diversas vezes quis processar Roriz e sua turma pelo que diziam de mim e de Rebeca, mas Cabral sempre me aconselhou a não fazê-lo. Temia dar a impressão de que tudo se restringia a uma briga pessoal entre mim e Roriz.

O objetivo de Roriz era justamente este: vender a ideia de que o *Correio* se opunha a ele por um capricho meu. Porque eu estava inconformado com a "CPI da Rebeca" e a serviço do PT. De tanto repetir as duas acusações, calculava que desqualificaria qualquer denúncia publicada pelo jornal contra seu governo.

— Seja superior, meu filho. Isso passará — garantia Cabral.

Não passou. Agravou-se.

No íntimo, Cabral acreditava que um dia ele e Roriz ainda se entenderiam sem que o jornal abdicasse de sua independência. De vez em quando, e à sua maneira, Roriz mandava sinais de que queria o entendimento.

Em março de 1999, um secretário de Estado procurou João Cabral dizendo que o fazia em nome do governador. E João levou alguns minutos para entender o que ele dizia.

— Está no fim o contrato do governo com a empresa que aluga os aparelhos de radar instalados nas ruas da cidade — disse o secretário.

— Compreendo — respondeu João sem compreender.

— Pois é, talvez interesse ao jornal que o contrato seja renovado...

— Ao jornal?

— É, talvez interesse. Ou interesse a Noblat...

— Não entendo, secretário.

— O jornal não fez a campanha pela paz no trânsito? Não foi depois dela que o governo instalou radares para controlar a velocidade dos carros? Pois bem...

Só então a ficha de João caiu.

Durante a campanha eleitoral, assessores de Roriz espalharam o boato de que eu e o jornal éramos sócios da empresa proprietária dos aparelhos de radar. E que por isso o *Correio* defendera a instalação deles nas ruas.

— Secretário, nem o jornal nem Noblat têm nada a ver com essa empresa. Renovar ou não o contrato com ela é um problema do governo.

Romper ou não de uma vez com o jornal era também problema do governo. E Roriz decidiu fazê-lo no dia 15 de setembro de 1999, quando o *Correio* publicou reportagem sobre mais uma promessa dele de doar lotes aos pobres. Aproveitou uma solenidade pública para dizer:

— Estou definindo um grande desafio: vou ao povo, vou conclamar a sociedade para não ler este jornal que está prejudicando a cidade.

No dia seguinte, a manchete de capa do jornal foi: "Roriz declara guerra ao *Correio*." Nesse mesmo dia, em discurso na sede do Sindicato da Construção Civil, ele elogiou o passado do jornal, exaltou o "jornalista exemplar" que era Ari Cunha e me criticou nominalmente 17 vezes.

Eu me tornara uma obsessão para o governador. Ele chegou a ponto de dizer que o *Correio* não dera uma só linha sobre sua posse. E que o jornal torcia pelo fracasso do Gama, o principal time de futebol de Brasília.

Os trechos mais agressivos do discurso foram publicados e republicados pelo *Jornal de Brasília* e por meia dúzia de pequenos e médios jornais que dependiam da propaganda do governo para circular. Comecei então a receber telefonemas anônimos com ameaças. Ou o jornal parava de criticar Roriz ou algo de muito ruim me aconteceria, diziam os autores dos telefonemas.

A direção do jornal achou prudente contratar agentes de segurança para dar proteção a mim e à minha família. Até porque havia uma outra razão para isso: em conversas com diretores do próprio *Correio*, o senador Luiz Estêvão me apontara como culpado pelo envolvimento do seu nome no escândalo do desvio de R$ 172 milhões destinados à construção do Fórum da Justiça do Trabalho em São Paulo.

Mas o pior ainda estava por vir.

Na noite do dia 18 de fevereiro de 2000, meu filho Gustavo foi a um show da banda Os Raimundos, no Parque da Cidade, acompanhado de um casal de amigos. O segurança não foi. De repente, quatro ou cinco rapazes saíram do meio da multidão e se postaram a pouca distância dele. Um empurrou o outro para cima de Gustavo. Ao esbarrar nele, o rapaz agrediu-o com um soco.

Foi o que meu filho imaginou que havia recebido: um soco que o atingiu sem muita força do lado direito do rosto.

— Porra, cara, que merda é essa? — exasperou-se Gustavo.

O rapaz não respondeu. Recuou na direção dos amigos. Então Gustavo sentiu que estava sangrando. O agressor e seu grupo sumiram. Gustavo foi levado pelos amigos para o Hospital Santa Luzia.

Na saída do local do show, ouviu de um rapaz alourado e alto:

— Se quiser, tem um carro aí que poderá levá-lo ao hospital.

Gustavo seguiu em seu próprio carro. Dias depois, com base em informação dada por um jornalista que trabalhava no governo, ele identificou o rapaz alourado e alto: Luiz Felipe. Sim, aquele mesmo que testemunhara a surra aplicada em André por um grupo de cabos eleitorais de Luiz Estêvão.

Luiz Felipe estava bem de vida. Fora promovido a subsecretário da Juventude do governo Roriz. Uma de suas atribuições era promover shows.

Gustavo levou sete pontos no rosto. Como o corte ainda sangrava 48 horas depois, chamei um cirurgião plástico, que decidiu refazer a costura. A cirurgia durou uma hora e meia. O cirurgião me disse ao terminá-la:

— Gustavo não levou um soco. Foi ferido por um canivete ou estilete.

Exame realizado no Instituto Médico Legal confirmou o diagnóstico. A profundidade do corte foi de quase quatro centímetros. Por pouco a arma empregada não seccionou o nervo facial de Gustavo. Se o tivesse feito, parte do rosto ficaria paralisada para sempre.

Pedi ao então ministro da Justiça, José Carlos Dias, garantia de vida. Ele atendeu. Policiais militares e agentes particulares de segurança se revezavam o dia inteiro na proteção aos meus filhos, à minha mulher e a mim.

Foi um período infernal, porque meus filhos eram adolescentes e não queriam ninguém no pé deles. Reclamavam muito. E de vez em quando tentavam escapar à vigilância dos agentes. Se saíam à noite e demoravam a chegar em casa ou não atendiam o celular, Rebeca entrava em pânico.

O inquérito aberto pela Polícia Civil de Brasília para apurar a agressão a Gustavo limitou-se a ouvi-lo, ao recepcionista do hospital onde ele fora socorrido e a Luiz Felipe. Em seguida foi arquivado. O delegado encarregado do inquérito disse ao *Jornal de Brasília* que poderia ter havido uma "briga de gangues". Em entrevista a uma rádio, o assessor de imprensa de Roriz insinuou que Gustavo tinha ficha na polícia. Para variar, mentiu.

O Conselho de Defesa dos Direitos da Pessoa Humana, órgão do Ministério da Justiça, investigou o episódio durante quatro meses, colheu 28 depoimentos e concluiu no dia 26 de junho:

> "As agressões aos familiares do jornalista não foram incidentes isolados ou fruto exclusivo de situações de desavença. Mas a desavença foi aproveitada para desencadear as agressões no interesse de intimidar o jornalista. Em assim sendo, não teria havido coincidência na presença de um as-

sessor do senador Luiz Estêvão e secretário adjunto de uma das secretarias do governo do Distrito Federal nas duas ocasiões em que ocorreram as agressões."

Fui aconselhado por amigos a tirar meus filhos de Brasília. Em agosto de 2000, Gustavo e Sofia foram morar na Inglaterra. Em fevereiro do ano seguinte, André foi para a Espanha. A casa se esvaziou. E eu comecei a me perguntar se agia certo submetendo minha família àquela situação.

Por que deveria fazê-lo? Só para não ser chamado de covarde se me mudasse de Brasília às pressas? Só porque largar de repente o jornal e os colegas pareceria um ato vil? Queria ser reconhecido como um jornalista corajoso? Ou estava sendo apenas irresponsável?

O trabalho de fazer um jornal diário não lhe dá muito tempo para pensar na própria vida e nas intrincadas questões que ela suscita. Você se preocupa mais com a saúde do papa do que com a saúde dos seus filhos.

Não é só a integridade física do jornalista que muitas vezes corre perigo. Sua história, seus valores, princípios, compromissos, aspirações, tudo pode ser posto em risco por uma decisão errada ou uma concessão que parecia inocente.

Uma vez, o ainda deputado distrital Luiz Estêvão de Oliveira convidou a mim e a Rebeca para irmos com ele e a mulher jantar no restaurante de um amigo em Búzios. Iríamos e voltaríamos no mesmo dia no jatinho dele.

Gosto de comer bem e aceitei o convite. Rebeca me fez desistir. E se um dia ele dissesse que eu viajara no seu jatinho para jantar no Rio?

Por não ter o que dizer, às vésperas da cassação do seu mandato Luiz Estêvão disse ao jornalista Mino Pedrosa, repórter da *IstoÉ*, que em breve eu teria um filho fora do meu casamento. Rebeca recebeu telefonemas anônimos dizendo a mesma coisa.

Minha família só voltou a estar completa com a volta de André, em dezembro de 2001. Dali a dez meses eu ficaria desempregado.

Oi, mãe, vamos ser censurados...

Sempre quis dizer a um motorista de táxi de Nova York:

— Siga aquele carro.

E o motorista sairia em louca disparada atrás do carro que mandei seguir.

Foi o que fiz uma vez em 1992. Ainda não havia a ameaça da dupla infernal Bush Jr. e Bin Laden. E as torres gêmeas brilhavam imponentes ao sol de qualquer hora.

O motorista do táxi era um indiano de meia-idade e barba espessa. Carregava no pescoço uma porção de badulaques. Ele riu e deu partida no carro.

Também sempre quis entrar numa oficina de jornal, estancar no meio dela, olhar com ar solene para os gráficos e gritar a plenos pulmões:

— Parem as rotativas.

E as rotativas parariam sem que ninguém me perguntasse por quê.

Fiz isso duas vezes no *Correio Braziliense*. Não lembro que notícias extraordinárias me obrigaram a interromper a impressão do jornal.

Da segunda vez, o chefe da oficina se aproximou de mim e disse baixinho:

— Não precisa gritar. Fale comigo que eu paro.

Quando comecei a fazer jornalismo, em 1967, ainda não havia censores nas redações. Eles se alojaram em algumas depois de dezembro do ano seguinte.

Como trabalhei mais tempo em sucursais do que em sedes de publicações, nunca fora apresentado a um censor. Nunca vira um sequer de longe.

Confesso que tinha a curiosidade mórbida de ver um censor censurando. Quando já perdera qualquer esperança, finalmente vi um.

Não era um censor clássico, desses de páginas de romances. Sua atividade principal não era nem mesmo a de censurar. Mas – ora, bolas! – estava ali para censurar o jornal, sim. E tinha poderes até para empastelá-lo.

Recepcionei-o à porta da minha sala no primeiro andar do prédio do *Correio* pouco depois das 22 horas de 23 de outubro de 2002, uma quarta-feira.

Mandei que lhe servissem café e água antes que desse início à sua atividade. Destaquei o repórter Luiz Alberto Weber para levá-lo aonde desejasse ir. E proclamei em voz alta, atento aos mais tinhosos e à posteridade:

– Atendam a todos os pedidos dele. Ordem judicial não se discute, cumpre-se.

(A frase era um lugar-comum, mas na hora não me ocorreu outra.)

Editores reunidos na sala me olharam perplexos. Talvez esperassem que eu enxotasse o censor dali.

A editora executiva Ana Dubeux saiu às pressas da sala para refrear o ânimo de repórteres mais jovens dispostos a barrar a entrada do censor na redação. Negreiros, também editor executivo, saiu junto com ela.

– Aqui ele não entra – teimou um repórter da editoria de Cidades.

– Não entra de jeito nenhum – reforçou outro da editoria de Esportes.

– Noblat disse que o censor vai entrar e ele vai entrar – respondeu Dubeux.

Uma jovem repórter do caderno Coisas da Vida sacou do celular e ligou para sua casa.

— Oi, mãe, vamos ser censurados...

(...)

— Cen-su-ra-dos, mãe. Censurados. Sabe o que é isso?

(...)

— É... Vai chegar um cara que a Justiça mandou, e ele vai dizer o que pode publicar e o que não pode.

(...)

— É isso, sim...

(...)

— O cara tá aqui, tá, tá aquiiiiii, mãe. Vou desligar.

(...)

— Estou perdendo tudo... Vou desligar... Mãe, vou desligaaaaaaaar. Depois eu ligo. Não me espere pra jantar...

(...)

— Não, não. Quando acabar a censura, vou sair para jantar com os amigos.

Eu mandara pôr seis fotógrafos na redação, em posições estratégicas, para registrar de diversos ângulos cena jamais vista em redação de jornal, rádio ou televisão no Brasil desde a revogação da censura, nos idos de 80 do século passado.

O censor era um japonês.

O mais correto seria dizer que o oficial de Justiça Ricardo Yoshida, descendente de japoneses, era o censor.

Cumpria ordem do desembargador Jirair Meguerian "de busca e apreensão, com arrombamento ou entrada compulsória na sede, se houver necessidade, de todos os exemplares do jornal *Correio Braziliense*, edição de 24.10.2002, desde que publique trechos ou a íntegra de conteúdo das fitas de gravação das conversas telefônicas interceptadas por ordem judicial".

As tais conversas tinham a ver com grilagem de terra. E o "grampo" aplicado pela Polícia Federal em grileiros pegara o próprio governador Roriz.

— Eu posso ficar numa sala esperando que o jornal rode. Examino o primeiro exemplar e libero ou não. Depois vou embora — sugeriu Yoshida, tímido.

Acompanhava-o Adolfo Marques da Costa, advogado da coligação de partidos Frente Brasília Solidária, que apoiava a reeleição de Roriz. Marques da Costa parecia estar mais à vontade.

— Não faz sentido o senhor esperar até de madrugada para ler o jornal. E se o senhor não gostar do que ler e proibir o jornal de circular? Será pior para o jornal. O melhor é que o senhor leia tudo antes que baixe para impressão — sugeri a Yoshida.

Os olhos de Marques da Costa brilharam com a minha proposta. Os olhinhos de Yoshida, não. Ele intuía que algo daria errado.

Guiados por Weber, os dois foram direto para a redação.

Primeiro fizeram uma espécie de *city tour*, ouvindo explicações de Weber sobre como uma redação funciona. Depois, sentaram-se diante de um computador e começaram a ler as notícias que seriam publicadas no dia seguinte.

O computador ficava próximo ao gigantesco *banner* pendurado no teto da redação que trazia impresso o Código de Ética. De modo que Yoshida e Marques da Costa foram fotografados com o *banner* como pano de fundo. Seria impossível fotografia mais emblemática.

O advogado implicou com uma notícia a propósito das fitas mencionadas no despacho do desembargador.

— Essa notícia não pode — disse.

— Mas ela não transcreve trechos das fitas. Fala genericamente do conteúdo delas — defendeu Negreiros.

— Não pode — insistiu o advogado secamente.

Yoshida concordou com ele.

A notícia foi retirada da página. Outra também foi.

Eu orientara Negreiros e Dubeux a escreverem "CENSURADO" em letras enormes no espaço das notícias eliminadas.

E assim se fez.

Logo correu por Brasília a informação de que havia censores no *Correio*.

Estávamos a quatro dias do segundo turno das eleições. E as pesquisas de intenção de voto antecipavam que a disputa pelo governo do Distrito Federal só seria decidida com a abertura das últimas urnas. Poderia dar Roriz ou Geraldo Magela, candidato do PT. Dois meses antes, teria dado Roriz com folga.

Magela e sua corte irromperam no prédio do jornal para confortar os "companheiros jornalistas". Dois meses antes, companheiros de Magela haviam irrompido no prédio do jornal para reclamar de reportagens sobre um suposto caixa 2 da esquerda de Brasília. Roriz e seus adeptos criaram uma CPI para apurar a denúncia do jornal. E pela primeira vez em muitos anos elogiaram o *Correio*.

Com atraso devido à ação meticulosa da dupla Marques da Costa-Yoshida, o jornal circulou no dia seguinte com metade da capa ocupada pela manchete "*Correio* é censurado a pedido de Roriz". Em página interna, contamos o que ocorrera e publicamos fotografias do oficial de Justiça e do advogado entretidos na tarefa de censurar. A edição esgotou nas bancas.

A censura ao *Correio* foi um escândalo que ultrapassou as fronteiras de Brasília.

Entidades nacionais e internacionais de defesa dos direitos humanos, associações de jornalistas e de donos de jornais, partidos políticos e até um pequeno clube de serviço do interior da Inglaterra emitiram notas indignadas de protesto.

Em menos de 10 horas chegaram à redação mais de quatro mil *e-mails* de leitores deplorando a censura.

Parte das sessões do Congresso naquele dia foi dedicada ao que diversos oradores tacharam de "o mais grave atentado sofrido pela liberdade de imprensa" no país desde o fim do regime militar.

O *Jornal Nacional* reservou cinco minutos para o assunto.

O desembargador que assinara a ordem de censura desculpou-se dizendo que seu ato não configurava "censura prévia". Configurava o quê?

O Tribunal Superior Eleitoral cassou a decisão do desembargador.

A manchete da capa da edição da sexta-feira resgatou o *slogan* pichado nos muros de Paris durante a revolta dos estudantes em maio de 1968 – "É proibido proibir". Sob a manchete, cópias de *e-mails* de leitores criticando a censura e lamentando a renúncia de Cabral aos cargos de presidente do *Correio* e do Condomínio, e a minha saída da direção da redação.

Sim, porque o dia da censura prévia no *Correio* foi também o dia em que Cabral anunciou o fim de sua carreira de mais de 50 anos dentro do grupo fundado pelo mitológico Francisco de Assis Chateaubriand Bandeira de Melo, o Chatô.

O anúncio, em cinco linhas, fora publicado na capa, ao lado da manchete "*Correio* é censurado a pedido de Roriz". Muita gente achou que uma coisa tinha a ver com a outra. Com a censura, não tinha. Com Roriz, de alguma forma tinha.

Ainda estavam vivos na memória coletiva os ataques desferidos contra o jornal, Cabral e eu em três programas de televisão da campanha do governador. E na véspera da publicação do anúncio, Roriz celebrara a demissão de Cabral e a minha durante almoço com líderes evangélicos em uma churrascaria de Brasília.

Carros de som a serviço da candidatura dele percorreram a cidade antecipando a notícia que o jornal publicaria no dia seguinte.

* * *

Vamos às fitas.

O *Correio* publicara os principais trechos delas em suas edições de 29 e 30 de setembro. E por isso Roriz deixara de vencer a eleição no primeiro turno, em 6 de outubro. Arriscava-se a perdê-la no segundo turno, marcado para o dia 27.

Roriz sabia, por intermédio de Ari Cunha, que a queda de Cabral era iminente. E receava que eu reagisse republicando os trechos das fitas e acrescentando muitos ainda inéditos. O jornal estava impedido de fazê-lo por ordem da Justiça. Desconfiado, Roriz provocou a Justiça a ordenar a censura prévia ao jornal.

O trecho que mais causara danos à imagem do governador segue adiante transcrito. Faz parte da conversa travada por ele às 18h04 do dia 12 de agosto de 2002 com o maior grileiro de terras de Brasília, Pedro Passos, candidato a deputado distrital. A cidade estava pontilhada de *outdoors* que estampavam a fotografia de Roriz e Pedro juntos — o primeiro avalizando a candidatura do segundo.

Os dois eram amigos e sócios na criação de cavalos de raça. Roriz fora avalista de Pedro e do seu irmão Márcio em um empréstimo no valor de US$ 1 milhão tomado ao extinto banco Bamerindus.

A Polícia Federal grampeara os telefones dos irmãos Passos no curso de uma investigação sobre a ocupação e a venda ilegal de terras públicas na área mais valorizada de Brasília, o Lago Sul.

Presidida pelo advogado Eri Varela, a Terracap, empresa imobiliária do governo, reivindicava a propriedade de 221 hectares loteados pelos irmãos Passos nas quadras 27 e 28 do lago. Por sua vez, os irmãos diziam que a terra era deles.

Márcio ameaçara matar Eri, que pusera no chão a cerca do loteamento. Eri se armara com um revólver para matar Márcio. Foi quando Pedro entrou em ação e telefonou para Roriz na residência oficial do governador, em Águas Claras.

> PEDRO — Tem vários desembargadores com lote lá. O próprio Eri tem. Vou contar pro senhor: o Eri recebeu um lote na minha mão, recebeu chácara. Ele está é malservido, achando que a gente ganhou mais. Eu vou contar isso aí tudinho pro senhor... Ele tem uma chácara dele lá, ele recebeu 20 lotes no outro loteamento, eu tenho tudo isso. Eu não vou atacar ele, eu não vou fazer nada. Só quero que ele pare de agredir a minha família pra gente ficar quieto, pra gente passar pelo menos a eleição.
>
> RORIZ — Combinado, viu?
>
> PEDRO — Vão cuidar de outra coisa, vão cuidar de eleição.
>
> RORIZ — Pode ficar tranquilo que eu vou administrar procê isso agora. (incompreensível) de bom tamanho, viu?

Não ficou de bom tamanho.

O governador ouvira um grileiro confessar que dera chácara e lotes de presente a um servidor público — no caso, o presidente da empresa imobiliária do Distrito Federal. E que desembargadores eram donos de lotes em uma área grilada. E em vez de chamar a polícia e mandar prender o autor da confissão, disse que ele ficasse "tranquilo". E prometeu administrar o problema.

Não conseguiu administrar. Eri negou-se a fazer acordo com os irmãos Passos. Ele devia obediência a Roriz. Mas conhecia tantos segredos dele, de quem fora advogado, que o governador evitava confrontá-lo.

No dia 12 de setembro, Márcio divulgou uma fita de vídeo em que o deputado Odilon Aires, ex-secretário de Assuntos Fundiários de Roriz, aparecia se queixando de ter recebido menos lotes do que vários de seus colegas para aprovar na Câmara Distrital a regularização do loteamento dos irmãos Passos.

Em entrevista ao *Correio*, Márcio disse que tinha mais de cem fitas de vídeo como aquela. E que gente mais importante do que Odilon fora filmada pedindo lotes a Pedro. Não disse quem.

Dias surpreendentes e inesquecíveis aqueles de agosto e setembro de 2002!

Foi grampo telefônico em cima de fita de vídeo.

Os irmãos Passos filmavam. A Polícia Federal grampeava os irmãos Passos. Ao todo, grampeou 45 conversas deles e encaminhou-as à Justiça com o pedido de prisão dos irmãos. O *Correio* publicou a transcrição de nove conversas. A Justiça proibiu a publicação das demais porque o processo corria sob sigilo.

Durante uma semana, quem acessou o endereço eletrônico do jornal pôde ouvir a íntegra das conversas. Só mais tarde a Justiça se deu conta de que fora enganada e estendeu a proibição à internet.

Pedro e Márcio acabaram presos. Um *habeas corpus* libertou Pedro a tempo de ele se eleger deputado distrital. (Em junho de 2004, ele presidia a Comissão de Constituição e Justiça da Câmara e era membro titular da Comissão de Meio Ambiente. Um ano antes, fora vice-presidente da Comissão de Assuntos Fundiários. Estava feliz como pinto no lixo.)

Tentei convencer Cabral a publicar as 45 conversas mesmo à revelia da Justiça. Outros jornais haviam procedido assim em casos parecidos. Prevaleceu nos tribunais superiores a tese de que os jornais exerceram apenas a liberdade de informar garantida pela Constituição.

Cabral não se convenceu. Reverenciava todas as togas. E devia pressentir que o complô armado dentro do Condomínio para derrubá-lo avançava a galope.

Desde que fora criado, em 1959, o Condomínio só tivera três presidentes: Chateaubriand, João Calmon e Cabral. Calmon entregou o cargo a Cabral no pior momento da história do Grupo Associados — quando o governo do presidente João Figueiredo decretou a falência da Rede Tupi de Televisão. Dela nasceram o Sistema Brasileiro de Televisão e a Rede Manchete.

O ato que dissolveu a Tupi continha imperfeições jurídicas. E foi com base nelas que o Condomínio exigiu substancial indenização em nome da TV Rádio Clube de Pernambuco. A ação tramitou na Justiça por mais de 10 anos. O Condomínio venceu a parada. E em setembro de 1997, a União depositou na conta da TV Rádio Clube a fortuna de R$ 220 milhões.

Era a salvação do Grupo Associados — ou poderia ter sido.

Nenhum grupo de comunicação do país dispunha de tanto dinheiro em conta corrente. O valor superava o patrimônio líquido declarado de jornais como a *Folha de S. Paulo* e *O Estado de S. Paulo*.

Foi também o começo do fim de 22 anos de Cabral como presidente do Condomínio e de 12 como presidente do *Correio*.

Em nome do espólio da família Chateaubriand, Gilberto, filho do fundador do grupo, entrou com ação na Justiça em agosto de 2000 pedindo o bloqueio dos bens imóveis das empresas e dos condôminos. Queixou-se de que os acionistas minoritários da TV Rádio Clube não haviam sido consultados sobre o destino a ser dado ao dinheiro. E que parte dele fora aplicado em empresas estranhas aos Associados. Cobrou a devolução de R$ 172 milhões.

Eu não era condômino quando o grupo recebeu o dinheiro e decidiu o que fazer com ele. Mas já era quando a Justiça acatou o pedido de Gilberto e bloqueou os bens das empresas e dos condôminos. Os meus também foram bloqueados. E em novembro de 2004 ainda permaneciam bloqueados.

Vários advogados me aconselharam a entrar com ação na Justiça requerendo a liberação dos meus bens sob o argumento de que nada me ligava aos atos que deram origem ao bloqueio. Não agi assim para ser solidário com os demais colegas de Condomínio. Cabral apostava que o bloqueio seria levantado em curto prazo. Era o que ouvia dos advogados. Mas não foi o que aconteceu.

Somente no início de 2002 Cabral rendeu-se à evidência de que só desataria aquele nó se fizesse um acordo com Gilberto. Dos 18 condôminos presentes ou representados na reunião realizada em junho numa das dependências do *Jornal do Commercio*, no Rio de Janeiro, 13 votaram a favor do acordo e cinco contra — todos mineiros. Eles discordaram do valor a ser pago a Gilberto e da oferta das ações do *Correio* e do *Estado de Minas* como garantia do cumprimento do acordo.

Na reunião extraordinária do Condomínio, um mês depois, Cabral foi surpreendido com a notícia de que os mineiros haviam obtido uma liminar na Justiça suspendendo o acordo. Ele sentiu-se traído, e com razão. Ficou furioso. E, aconselhado pelo filho João, concordou em renunciar na hora à presidência do Condomínio.

Não consumou o gesto. Alguns condôminos o pressentiram, entre eles o cearense Manuel Eduardo Pinheiro Campos, Manuelito, o decano. Às vezes, Manuelito se expressava em versos. Em face da gravidade da situação, apelou para a prosa. Disse que a renúncia era inaceitável. E como prova do que dizia, pediu a todos que se levantassem e renovassem seu apoio a Cabral por meio de uma salva de palmas. Devido à adesão dos mineiros, foi uma cena constrangedora e falsa.

Todos se levantaram e aplaudiram. João e eu fomos os últimos a ficar de pé. Conhecia Cabral o bastante para saber que ele não queria renunciar ao cargo. Como de fato não renunciou. Tampouco forçou os mineiros a recuarem do propósito de torpedear o acordo firmado com Gilberto. Disse a certa altura do discurso do "Fico":

— Só não me peçam mais para continuar à frente das questões jurídicas da empresa. Não farei isso. Alguns dos senhores assumirão a tarefa.

Meti-me na discussão:

— Permita-me dizer, presidente, mas não faz o menor sentido o senhor continuar no cargo e deixar de cuidar do mais grave problema que temos, talvez o único. Assim, é melhor que renuncie.

Gritos de "não apoiado" e outras manifestações de discordância se seguiram à minha fala. Voltei a falar de olhos fixos em Cabral:

— Por larga maioria de votos, este plenário aprovou o acordo com Gilberto. Os colegas de Minas foram à Justiça contra o acordo. A autoridade do senhor e a vontade soberana deste plenário foram desrespeitadas. E agora ficará tudo por isso mesmo?

Mal consegui concluir. Manuelito e outros discordaram com veemência do que eu disse. Os mineiros ficaram calados — mas um deles, Álvaro Teixeira da Costa, vice-presidente do *Estado de Minas*, me olhou com raiva. Havíamos discutido durante a reunião que aprovara o acordo. E ele se sentira desafiado por mim.

Precedidas de uma missa pela alma de Chateaubriand, as reuniões do Condomínio costumavam ser longas, enfadonhas e improdutivas. Parte dos condôminos não desempenhava mais tarefas executivas — ou porque se afastaram delas ou porque foram afastados. Ou ainda porque as empresas que administravam simplesmente quebraram. Essa parte recolhia-se ao silêncio. A outra parte dos condôminos concordava com qualquer ideia apresentada por Cabral.

Pense em um vidro de picles. O Condomínio sempre me lembrou um.

Como legumes, tudo o que os condôminos queriam era se conservar ali juntinhos sem fazer marola e sem ser incomodados. Alguns, de tão idosos ou doentes, faltavam às reuniões. Os mais assíduos viajavam ao Rio na companhia das mulheres. Enquanto eles iam à reunião, elas iam às compras. As mulheres formavam uma espécie de Condomínio do B, com alguma influência sobre o outro.

— O senhor perdeu a chance de sair por cima renunciando ao cargo — disse a Cabral quando voltamos a Brasília.

— Você tem razão, meu filho — respondeu, abatido.

Inconformado com a paralisia do grupo e em desacordo com o comportamento do pai, João pedira demissão do cargo de diretor executivo do *Correio*. E anunciara seu desligamento do Condomínio, onde tinha assento havia sete anos.

— Se quiser, o senhor derruba a liminar da Justiça mineira contra o acordo — estimulei Cabral.

— Os mineiros estão certos, Noblat. O acordo é muito ruim para o grupo. Gilberto sairia com muito dinheiro — retrucou Cabral, para meu completo espanto.

— Mas o senhor defendeu o acordo, assinou-o, e deu entrada na Justiça.

— É, mas o acordo é ruim.

Cabral foi em frente fingindo que tudo estava como antes — ele mandava e os condôminos obedeciam, ou fingiam que obedeciam. Os mineiros foram em frente fazendo de conta que o fim do acordo estancara a crise interna do Condomínio — e enquanto isso conspiravam para depor Cabral.

Roriz avisou aos conspiradores que apoiaria com verbas de publicidade uma eventual correção de rota do jornal. O candidato a governador de Minas, Aécio Neves, pediu anúncios ao governo federal para o *Estado de Minas*. O jornal retribuiria apoiando a candidatura dele.

Em agosto, Álvaro Teixeira da Costa ainda fez um aceno de paz a Cabral. Os R$ 220 milhões da TV Rádio Clube haviam se esgotado em investimentos que não deram o retorno esperado, no pagamento de antigas dívidas dos Associados e na compra de parques gráficos para os jornais e de uma requintada sede para o *Estado de Minas*. Apesar disso, Álvaro tinha uma receita para livrar o *Correio* do aperto financeiro: afastar-me da direção da redação e reconciliar o jornal com Roriz.

Cabral rejeitou a receita.

Não era a primeira vez que um condômino lhe propunha isso. Sem falar de empresários e políticos. Vivíamos uma situação esdrúxula dentro dos Associados: o *Correio* era livre para publicar tudo que fosse notícia — salvo as que incomodassem muito o Poder Judiciário. Os demais jornais do grupo não eram livres. Nem seus responsáveis, na maioria condôminos, faziam questão que fossem.

De tanto exaltar a liberdade de imprensa como presidente da Associação Nacional de Jornais por três vezes, Cabral se convencera da importância dela. E descobrira as vantagens de presidir um jornal que se tornara referência de jornalismo independente, corajoso e de boa qualidade. Antes, o *Correio* era o mais importante jornal de Brasília. Virou um dos mais influentes jornais do país.

Na quinta-feira 8 de abril de 1999, por causa de um editorial do *Correio* contra a CPI do Judiciário e de uma reportagem que listava seus 11 parentes empregados em órgãos públicos baianos, Antonio Carlos Magalhães, presidente do Senado, remeteu para Cabral um fax desaforado e ameaçador. Em papel timbrado do Senado, o fax dizia lá pelas tantas:

"Não faça molecagem comigo. Eu sei reagir."

Convocado por Cabral à sua sala, encontrei-o martelando as teclas gastas de uma Olivetti portátil de estimação. A sala era ampla, mas não havia lugar nela para um computador. Havia para livros, retratos de Cabral com os presidentes Getúlio Vargas e Fernando Henrique Cardoso, uma mesa redonda com seis cadeiras, dois sofás e uma poltrona de couro, e uma campainha antiga de mesa. A campainha só era acionada quando eu brincava com ela. Mas ai de quem a retirasse dali.

— Leia esse fax que Antonio Carlos me passou.

João caminhava irritado pela sala e resmungava que aquilo era um acinte.

Era um acinte mesmo. Que Cabral respondeu por meio de uma nota elegante, mas dura. Ao ler a nota, contemporizei:

— O senhor sabe o que é arranjar briga com Antonio Carlos? Eu sei e não aconselho.

— Vou mandar a nota pra ele. Vamos fazer um editorial sobre isso. E vamos publicar na capa do jornal o fax e a minha resposta.

— Na capa?

— Sim, senhor, na capa.

Jornais e jornalistas colecionavam mensagens desaforadas de Antonio Carlos. Nenhum jornal publicara uma até aquela data.

"ACM ameaça o *Correio*" foi a manchete do jornal no dia seguinte. O que me fez lembrar a manchete de 27 de fevereiro de 1996 em cima do deputado José Dirceu: "Presidente do PT ataca o *Correio*." Em setembro de 1999 seria a vez da manchete "Roriz declara guerra ao *Correio*".

A resposta de Cabral a Antonio Carlos foi elegante e afirmativa:

> "O respeito à instituição que Vossa Excelência preside, a uma velha amizade e à educação que recebi de meus pais não permite que eu responda nos mesmos termos à sua mensagem grosseira, ameaçadora e ofensiva. O comportamento do *Correio* em relação à CPI do Senado não vai mudar."

Do presidente do Supremo Tribunal Federal ao vice-presidente da República, de políticos a autoridades eclesiásticas, foram muitos os que telefonaram para Cabral no dia seguinte cumprimentando-o por sua atitude. No fim de semana, ao entrar para jantar em um concorrido restaurante de Brasília, Cabral foi demoradamente aplaudido pelos comensais.

Haveria fecho melhor para a biografia de um homem de 80 anos de idade com mais de 50 à frente de jornais, emissoras de rádio e de televisão?

Nunca perguntei se ele pensou nisso ao receber em outubro a moção de desconfiança assinada por 13 condôminos — todos indicados para o Condomínio sob o patrocínio dele, todos presentes à reunião de julho em que Cabral fora aplaudido de pé. Ou se apenas se sentiu traído e cansado e preferiu ir para casa. Só sei que ele não quis lutar contra a decisão dos seus pares.

A última vez que o *Correio* saiu com o nome de Cabral e o meu no seu expediente foi no dia 1º de novembro de 2002.

O *banner* com o Código de Ética foi mantido em seu lugar no meio da redação. Mas perdeu a utilidade e o seu valor simbólico. Tornou-se uma peça de decoração.

Finalmente, por inútil, foi retirado em abril de 2004.

* * *

Fui ao Recife na segunda quinzena de novembro de 2002 lançar o livro *A arte de fazer um jornal diário*. Poucas horas antes do lançamento, Luiz Otávio de Melo Cavalcanti, superintendente do *Diário de Pernambuco*, jornal do Grupo Associados, recebeu ordem de Álvaro Teixeira da Costa para demitir a repórter Patrícia Noblat, minha sobrinha. Ela trabalhava no jornal havia cinco anos. E ganhara, em 2001, o Prêmio Diário de Pernambuco de Jornalismo, concedido ao autor da melhor reportagem do ano.

Álvaro recém-assumira a vice-presidência executiva do Condomínio e a presidência do *Correio*. E não deixara de mandar no *Estado de Minas*.

Luiz Otávio mandou demitir Patrícia na mesma hora.

Eu ainda tentei evitar quando soube. Telefonei para ele:

— Não faça isso, Luiz. É injusto, e você sabe.

— Foi a ordem que recebi. E vou cumpri-la.

A Luiz Ricardo Leitão, diretor de redação do jornal, Patrícia perguntou chorando:

— Mas por que estou sendo demitida?

— Por causa do seu tio.

Leitão também chorou. Havíamos trabalhado juntos na *Manchete* e em Angola. Ele foi padrinho dos meus dois casamentos (Rejane e Rebeca) e é padrinho do meu filho mais velho. Fez o que lhe caberia fazer naquele momento. Acreditou que, permanecendo no cargo, poderia salvar um pouco da linha editorial independente que conseguira imprimir ao *Diário*. Não deu para salvar. Ele então foi embora.

No dia seguinte à demissão de Patrícia, Álvaro demitiu Luiz Otávio por telefone. Pôs no lugar dele Joezil Barros, um dos 13 subscritores do documento que apeou Cabral do poder. Joezil era um condômino sem função executiva desde que o *Diário* quebrara sob seu comando. Tinha direito a salário de quase R$ 20 mil, carro, gasolina, gabinete e secretária. E nenhum poder.

No final de janeiro de 2003, o ministro José Dirceu, chefe da Casa Civil da Presidência da República, sugeriu meu nome ao senador José Sarney para diretor de comunicação do Senado. Sarney estava prestes a ser eleito presidente do Senado com o apoio do governo. Eu estava em Salvador como diretor de redação do jornal *A Tarde*. Minha família ficara em Brasília.

Um dia após ter sido eleito, Sarney recebeu em casa a visita do senador Hélio Costa, do PMDB mineiro. Em nome de Álvaro, Hélio disse a Sarney que o Grupo Associados vetava minha nomeação para o Senado.

Sarney se orgulha de ter sido funcionário dos Associados no Maranhão. Guarda como uma espécie de relíquia sua primeira carteirinha de repórter. Minha nomeação não saiu.

Saiu em abril um despacho assinado pelo novo presidente do Condomínio informando a seus pares que fora aberto um processo para cassar minha condição de condômino. Fui acusado de:

- conduta contrária "aos ideais de Assis Chateaubriand";
- pôr o *Correio* a serviço do PT;
- usar o cargo de diretor de redação para beneficiar negócios da empresa da minha mulher;
- e estimular críticas de leitores à mudança de direção do *Correio*.

Deram dez dias para que eu me defendesse.

Ganhei 30 dias na Justiça carioca. E, no fim do prazo, apresentei uma defesa preliminar pedindo uma série de informações para que pudesse me defender melhor. O regulamento do Condomínio prevê tal recurso.

Negaram-me as informações. Ao fazê-lo, retiraram a acusação de que eu usara o cargo de diretor de redação para beneficiar negócios de Rebeca. Não havia uma só prova disso no processo. Na verdade, não havia uma só prova documental ou testemunhal de nada. Era como se as acusações se provassem por elas mesmas.

O Condomínio preparou-se para me expulsar no dia em que negou as informações, 29 de maio. Foi impedido de fazê-lo por ordem da Justiça carioca. Então deixou de lado o processo original e me expulsou sob a desculpa de que eu já não prestava mais serviços às empresas do grupo.

O desembargador Edson Scisínio me deu razão e anulou a decisão do Condomínio em despacho de 23 de junho. No início da tarde do dia 1º de julho, a menos de cinco horas do início do recesso da Justiça, Scisínio recebeu recurso apresentado pelo Condomínio contra sua decisão, reformou-a na hora e submeteu-a dali a instantes ao crivo da 14ª Câmara Civil do Tribunal de Justiça do Rio.

A Câmara era presidida pelo desembargador Marlan Marinho, pai de Marlan Marinho Filho – por sua vez, advogado do Condomínio em outras causas. Marlan, o filho, assistiu ao julgamento presidido por Marlan, o pai. O Condomínio venceu.

Em novembro de 2004, a batalha judicial ainda estava longe do fim – e o desembargador Scisínio fazia parte da lista de oito desembargadores citados pelo Ministério Público como suspeitos de fraude na distribuição de 11 processos para a segunda instância do Tribunal de Justiça.

Depois de 11 meses em Salvador, eu voltara para casa.

Vivi em Brasília acontecimentos notáveis.

Vi uma ditadura ser conduzida ao ocaso pelas mãos de um general (João Figueiredo) que dizia preferir cheiro de cavalo a cheiro de povo.

Vi um presidente eleito pelo Congresso (Tancredo Neves) subir a rampa do Palácio do Planalto dentro de um caixão.

Vi um Congresso com maioria de direita aprovar uma Constituição com toda a pinta de esquerda.

Vi a eleição para presidente de um farsante (Fernando Collor) que seria derrubado na metade do mandato.

Finalmente, vi a eleição do primeiro presidente de esquerda da história do país (Luiz Inácio Lula da Silva). Não queria perder, por nada desse mundo, a chance de vê-lo governando pela direita.

Desconfio que será uma chance única.

Cronologia

1967 – Com 18 anos, Ricardo Noblat é admitido como repórter assistente da sucursal do *Jornal do Brasil* no Recife.

1968 – Passa a acumular as funções de repórter com as de editor do *Jornal do Commercio*.

1972 – Assume a chefia de redação da sucursal da revista *Manchete* no Recife.

1978 – Depois de um ano como repórter da *Veja* no Recife, transfere-se para Salvador, onde chefia por dois anos a sucursal da revista.

1980 – Muda-se para São Paulo e torna-se editor assistente de política da revista *Veja*.

1982 – Assume a chefia da redação da sucursal do *Jornal do Brasil* em Brasília.

1987 – Por dois anos assina a coluna "Coisas da Política" do *Jornal do Brasil*.

1990 até final de 1992 – Experimenta fazer marketing político na agência Propeg e participa da primeira e única campanha eleitoral da história de Angola.

1994 a 2002 – Chefia a redação do jornal *Correio Braziliense*.

2002 a 2003 – Dirige a redação do jornal *A Tarde*, de Salvador.

2003 a 2004 – Foi colunista político de *O Dia*.

2004 até... – Vira blogueiro (www.noblat.blig.com.br)

Instituições de ensino

CENTRO DE ESTUDOS SUPERIORES BARROS MELO - CESBAM
Avenida Transamazônica, 405
CEP 53300-240 - Olinda - PE
Telefone: (81) 3426-9797 Fax: (071) 3241-4352
e-mail: cesbam@aeso.br
site: www.aeso.br

CENTRO DE ESTUDOS SUPERIORES DE MACEIÓ - CESMAC
Rua Cônego Machado, 918
CEP 57021-160 - Maceió - AL
Telefone: (82) 215-5000 Fax: (82) 221-0402
e-mail: asppe@fejal.br
site: www.fejal.com.br

CENTRO REGIONAL DE ESTUDOS EM CIÊNCIAS HUMANAS - CRECIH
Avenida Osmane Barbosa, 11.111
CEP 39404-006 - Montes Claros - MG
Telefone: (38) 3690-3027 Fax: (38) 3690-3060
e-mail: direcao@soebras.com.br
site: www.funorte.com.br

CENTRO UNIVERSITÁRIO BARÃO DE MAUÁ - CBM
Rua Ramos de Azevedo, 423
CEP 14090-180 - Ribeirão Preto - SP
Telefone: (16) 603-6600 Fax: (16) 618-6102
e-mail: webmaster@baraodemaua.br
site: www.baraodemaua.br

CENTRO UNIVERSITÁRIO ADVENTISTA DE SÃO PAULO - UNASP
Estrada de Itapecerica, 5.859
CEP 05858-001 - São Paulo - SP

Telefone: (11) 5822-6166 Fax: (11) 5822-6198
e-mail: atendimento@sp.unasp.edu.br
site: www.unasp.edu.br

CENTRO UNIVERSITÁRIO ANHANGUERA - UNIFIAN
Rua Waldemar Silenci, 340
CEP 13610-000 - Leme - SP
Telefone: (19) 3571-5717 Fax: (19) 3571-5717
e-mail: diretoria@unifian.edu.br
site: www.unianhanguera.edu.br

CENTRO UNIVERSITÁRIO AUGUSTO MOTTA - UNAM
Avenida Paris, 72
CEP 21041-020 - Rio de Janeiro - RJ
Telefone: (021) 3882-9702 Fax: (21) 2564-2244
e-mail: reitoria@suam.edu.br
site: www.suam.edu.br

CENTRO UNIVERSITÁRIO CAMPOS DE ANDRADE - UNIANDRADE
Rua João Negrão, 1.285
CEP 80230-150 - Curitiba - PR
Telefax: (41) 223-8919
e-mail: uniandrade@uniandrade.br
site: www.uniandrade.br

CENTRO UNIVERSITÁRIO CARIOCA - UNICARIOCA
Avenida Paulo de Frontin, 568
CEP 20261-243 - Rio de Janeiro - RJ
Telefone: (21) 2563-1900 Fax: (21) 2502-4172
e-mail: info@unicarioca.br
site: www.unicarioca.br

CENTRO UNIVERSITÁRIO DA CIDADE - SESPA
Rua José Bonifácio, 140
CEP 20770-240 - Rio de Janeiro - RJ
Telefone: (21) 2536-5040 Fax: (21) 2536-5047
e-mail: alonso@univercidade.edu
site: www.univercidade.br

CENTRO UNIVERSITÁRIO DA GRANDE DOURADOS - UNIGRAN
Rua Balbina de Matos, 2.121
CEP 79824-900 - Dourados - MS
Telefone: (67) 411-4141 Fax: (67) 426-2267
e-mail: webmaster@unigran.br
site: www.unigran.br

CENTRO UNIVERSITÁRIO DE ARARAQUARA - UNIARA
Rua Voluntários da Pátria, 1.309
CEP 14801-320 - Araraquara - SP
Telefone: (16) 3301-7100 Fax: (16) 3332 -1921
e-mail: uniara@uniara.com.br
site: www.uniara.com.br

CENTRO UNIVERSITÁRIO DE BARRA MANSA - UBM
Rua Vereador Pinho de Carvalho, 267
CEP 27330-550 - Barra Mansa - RJ
Telefone: (24) 3325- 0216/0280 Fax: (24) 3323-3690
e-mail: ubm@ubm.br
site: www.ubm.br

CENTRO UNIVERSITÁRIO DE BELO HORIZONTE - UNI-BH
Avenida Prof. Mário Werneck, 1.685 - Bloco B 1
CEP 30455-610 - Belo Horizonte - MG
Telefone: (31) 3378-9776 Fax: (31) 3378-7065
e-mail: reitoria@unibh.br
site: www.unibh.br

CENTRO UNIVERSITÁRIO DE BRASÍLIA - UNICEUB
EQN 707 907 - Conjunto C - Campus do CEUB
CEP 70790-075 - Brasília - DF
Telefone: (61) 340-1708 Fax: (61) 340-6542
e-mail: escritorio.qualidade@uniceub.br
site: www.uniceub.br

CENTRO UNIVERSITÁRIO DE MARINGÁ - CEUMAR
Avenida Guedner, 1.610
CEP 87050-390 - Maringá - PR
Telefax: (44) 3027-6360
e-mail: normas@cesumar.br
site: www.cesumar.br

CENTRO UNIVERSITÁRIO DE RIO PRETO - UNIRP
Rua Yvette Gabriel Atique, 45
CEP 5025-400 - São José do Rio Preto - SP
Telefone: (17) 211-3000 Fax: (17) 211-3199
e-mail: reitoria@unirpnet.com.br
site: www.unirpnet.com.br

CENTRO UNIVERSITÁRIO DE VOTUPORANGA - UNIFEV
Rua Pernambuco, 1.594 - Térreo
CEP 15500-030 - Votuporanga - SP
Telefone: (17) 3405-9999 Fax: (17) 3422-4510
e-mail: fev@fev.edu.br
site: www.fev.edu.br

CENTRO UNIVERSITÁRIO DO LESTE DE MINAS GERAIS - UNILESTEMG
Avenida Tancredo Neves, 3.500
CEP 35170-056 - Coronel Fabriciano - MG
Telefone: (31) 3842-6166 Fax: (31) 3842-6482
e-mail: ses@unilestemg.br
site: www.unilestemg.br

CENTRO UNIVERSITÁRIO DO MARANHÃO - UNICEUMA
Rua Josué Montello, 1 - Loteamento Bela Vista
CEP 65075-120 - São Luis - MA
Telefone: (98) 214-4277 Fax: (98) 235-3265
e-mail: ntae@ceuma.br
site: www.ceuma.br

CENTRO UNIVERSITÁRIO DO NORTE - UNINORTE
Avenida Joaquim Nabuco, 1.232
CEP 69020-031 - Manaus - AM
Telefone: (92) 215-4928 Fax: (92) 215-4927
e-mail: extensao@uninorte.com.br
site: www.uninorte.com.br

CENTRO UNIVERSITÁRIO DO NORTE PAULISTA - UNORP
Rua Ipiranga, 3.460
CEP 15020-040 - São José do Rio Preto - SP
Telefone: (17) 230-2500 Fax: (17) 230-2540
e-mail: deluca@unorp.br
site: www.unorp.br

CENTRO UNIVERSITÁRIO DO SUL DE MINAS - UNIS-MG
Avenida Coronel José Alves, 256
CEP 37010-540 - Varginha - MG
Telefone: (35) 3219-5000 Fax: (35) 3219-5251
e-mail: reitoria@unis.edu.br
site: www.unis.edu.br

CENTRO UNIVERSITÁRIO DO TRIÂNGULO - UNITRI
Avenida Nicomedes Alves dos Santos, 4.545
CEP 38411-106 - Uberlândia - MG
Telefone: (34) 3228-7553 Fax: (34) 3228-7535
e-mail: cpa@unitmg.com.br
site: www.unitmg.com.br

CENTRO UNIVERSITÁRIO EURO-AMERICANO - EUROAM
SCES - Trecho 0 - Conj. 05 - L4 Sul - Avenida das Nações Sul
CEP 70200-001 - Brasília - DF
Telefone: (61) 445-5888 Fax: (61) 445-5747
e-mail: centrouniversitario@unieuro.com.br
site: www.unieuro.com.br

CENTRO UNIVERSITÁRIO FEEVALE - FEEVALE
RS 239-2755
CEP 93352-000 - Novo Hamburgo - RS

Telefone: (51) 586-8800 Fax: (51) 586-8836
e-mail: simonemore@feevale.br
site: www.feevale.br

CENTRO UNIVERSITÁRIO FIEO - UNIFIEO
Rua Narciso Sturlini, 883
CEP 06018-903 - Osasco - SP
Telefone: (11) 3681-6000 Fax: (11) 3683-2929
e-mail: secretarians@unifieo.br
site: www.unifieo.br

CENTRO UNIVERSITÁRIO FRANCISCANO - UNIFRA
Rua dos Andradas, 1.614
CEP 97010-032 - Santa Maria - RS
Telefone: (55) 220-1200 Fax: (55) 222-6484
e-mail: reitoria@unifra.br
site: www.unifra.br

CENTRO UNIVERSITÁRIO LUTERANO DE JI-PARANÁ - CEULJI/ULBRA
Avenida Universitária, 762
CEP 78961-970 - Ji-Paraná - RO
Telefone: (69) 416-3100 Fax: (69) 416-3131
e-mail: ass.pedagogicajp@ulbra.br
site: www.ulbrajp.edu.br

CENTRO UNIVERSITÁRIO LUTERANO DE PALMAS - CEULP
Avenida Joaquim Teotônio Segurado S/N - 1.501 Sul
CEP 77054-970 - Palmas - TO
Telefone: (63) 223-2079 Fax: (63) 223-2090
e-mail: direcao@ulbra-to.br
site: www.ulbra-to.br

CENTRO UNIVERSITÁRIO MOACYR SREDER BASTOS - MSB
Rua Engenheiro Trindade, 229
CEP 23050-290 - Rio de Janeiro - RJ
Telefone: (21) 2413-5727 Fax: (21) 3394-4733
e-mail: info@msb.br
site: www.msb.br

CENTRO UNIVERSITÁRIO MONTE SERRAT - UNIMONTE
Avenida Rangel Pestana, 99
CEP 11013-551 - Santos - SP
Telefone: (13) 3228-2226 Fax: (13) 3223-2444
e-mail: coord.academica@unimonte.br
site: www.unimonte.br

CENTRO UNIVERSITÁRIO MUNICIPAL DE SÃO CAETANO DO SUL - IMES
Avenida Goiás, 3.400
CEP 09550-051 - São Caetano do Sul - SP
Telefone: (11) 4239-3222 Fax: (11) 4239-3275
e-mail: reitor@imes.edu.br
site: www.imes.edu.br

CENTRO UNIVERSITÁRIO NEWTON PAIVA
Rua Goitacazes, 1.762 - Reitoria
CEP 30190-052 - Belo Horizonte - MG
Telefone: (31) 3295-6200 Fax: (31) 3295-6226
e-mail: secretaria@newtonpaiva.br
site: www.newtonpaiva.br

CENTRO UNIVERSITÁRIO NILTON LINS - FINL
Avenida Prof. Nilton Lins, 3.259
CEP 69058-040 - Manaus - AM
Telefone: (92) 643-2000 Fax: (92) 643-2113
e-mail: uniniltonlins@niltonlins.br
site: www.niltonlins.br

CENTRO UNIVERSITÁRIO NOVE DE JULHO - UNINOVE
Rua Diamantina, 302
CEP 02117-010 - São Paulo - SP
Telefone: (11) 6633-9000 Fax: (11) 6967-1195
e-mail: uninove@uninove.br
site: www.uninove.br

CENTRO UNIVERSITÁRIO PLÍNIO LEITE - UNIPLI
Rua Visconde do Rio Branco, 123
CEP 24020-000 - Niterói - RJ
Telefone: (21) 2622-1441 Fax: (21) 2613-1281
e-mail: reitor@plinioleite.com.br
site: www.plinioleite.com.br

CENTRO UNIVERSITÁRIO POSITIVO - UNICENP
Rua Professor Pedro Viriato Parigot de Souza, 5.300 - Conectora 5
CEP 81280-330 - Curitiba - PR
Telefone: (41) 317-3000 Fax: (41) 317-3030
e-mail: secretaria@unicenp.br
site: www.unicenp.br

CENTRO UNIVERSITÁRIO SANT'ANNA - UNISANT'ANNA
Rua Voluntários da Pátria, 257
CEP 02011-000 - São Paulo - SP
Telefone: (11) 6221-8000 Fax: (11) 6221-2361
e-mail: info@santanna.br
site: www.santanna.br

CENTRO UNIVERSITÁRIO UNIVATES - UNIVATES
Rua Avelino Tallini, 171
CEP 95900-000 - Lajeado - RS
Telefone: (51) 3714-7000 Fax: (51) 3714-7001
e-mail: campus@univates.br
site: www.univates.br

CENTRO UNIVERSITÁRIO VILA VELHA - UVV
Rua Comissário José Dantas de Melo, 21
CEP 29102-770 - Vila Velha - ES
Telefone: (27) 3320-2006 Fax: (27) 3320-2029
e-mail: uvv@uvv.br
site: www.uvv.br

ESCOLA SUPERIOR DE ESTUDOS EMPRESARIAIS E INFORMÁTICA - ESEEI
Rua Chile, 836
CEP 80215-170 - Curitiba - PR
Telefax: (41) 333-4900
e-mail: izabel@mail.spet.br
site: www.spet.br

FACULDADE ALVES FARIA - ALFA
Avenida Perimental Norte, 4.129
CEP 74445-190 - Goiânia - GO
Telefone: (62) 272-5000 Fax: (62) 272-5003
e-mail: alfa@alfa.br
site: www.alfa.br

FACULDADE ANGLO LATINO - FAL
Rua Muniz de Souza, 1.051
CEP 01534-001 - São Paulo - SP
Telefone: (11) 3346-8876 Fax: (11) 3209-8914
e-mail: secfal@faculdadeanglolatino.com.br
site: www.faculdadeanglolatino.com.br

FACULDADE ANÍSIO TEIXEIRA - FATE
Avenida Presidente Dutra s/n - Colégio Santo Antônio
CEP 44052-000 - Feira de Santana - BA
Telefax: (75) 625-0051
e-mail: unef.feira@uol.com.br
site: www.unef.edu.br

FACULDADE ASSIS GURGACZ - FAG
Avenida das Torres, 500
CEP 85806-095 - Cascavel - PR
Telefone: (45) 321-3900 Fax: (45) 321-3902
e-mail: fag@fag.edu.br
site: www.fag.edu.br

FACULDADE CAMBURY
Avenida Fued José Sebba, 1.184 - Qd A
CEP 74805-100 - Goiânia - GO
Telefone: (62) 3096-3000 Fax: (62) 3096-3039
e-mail: diretoria@cambury.br
site: www.cambury.br

FACULDADE CAMPO LIMPO PAULISTA - FACCAMP
Rua Guatemala, 167
CEP 13231-230 - Campo Limpo Paulista - SP
Telefone: (11) 4812-9401 Fax: (11) 4812-9400
e-mail: secretaria@faccamp.br
site: www.faccamp.br

FACULDADE CÁSPER LÍBERO - FCL
Avenida Paulista, 900 - 5º Andar
CEP 01310-940 - São Paulo - SP
Telefone: (11) 3170-5883 Fax: (11) 3170-5891
e-mail: jornalismo@facasper.com.br
site: www.facasper.com.br

FACULDADE CIDADE DO SALVADOR - FCS
Praça da Inglaterra, 2 - Ed. Nobre
CEP 40015-140 - Salvador - BA
Telefone: (71) 254-6000 Fax: (71) 254-6007
e-mail: solange@faculdadedacidade.edu.br
site: www.faculdadedacidade.edu.br

FACULDADE CRISTO REI - FACCREI
Avenida da Integração, 1 - Colégio Pedro Baggio
CEP 86300-000 - Cornélio Procópio - PR
Telefax: (43) 524-3301
e-mail: diretoria@faccrei.edu.br
site: www.faccrei.edu.br

FACULDADE DA CIDADE DE UNIÃO DA VITÓRIA - FACE
Avenida Bento Munhoz da Rocha Neto, 3.856
CEP 84600-000 - União da Vitória - PR
Telefax: (42) 522-1837
e-mail: face@face.br
site: www.face.br

FACULDADE DE CIÊNCIAS APLICADAS "SAGRADO CORAÇÃO" - UNILINHARES
Avenida São Mateus, 1.458
CEP 29901-350 - Linhares - ES
Telefax: (27) 3373-7200
e-mail: marinete@unilinhares.br
site: www.unilinhares.br

FACULDADE DE CIÊNCIAS DA FUNDAÇÃO INSTITUTO TECNOLÓGICO DE OSASCO - FAC-FITO
Rua Camélia, 26
CEP 06110-900 - Osasco - SP
Telefax: (11) 3682-8526
e-mail: feao@uol.com.br
site: www.fito.br

FACULDADE DE CIÊNCIAS E LETRAS DE ARARAS - FCLA
Avenida Ernani Lacerda de Oliveira, 100
CEP 13603-112 - Araras - SP
Telefone: (19) 3541-3047 Fax: (19) 3542-7373
e-mail: fcla@fcla.edu.br
site: www.fcla.edu.br

FACULDADE DE CIÊNCIAS ECONÔMICAS - FACAMP
Estrada Municipal Telebrás-Unicamp Km 1 - s/n
CEP 13084-971 - Campinas - SP
Telefone: (19) 3754-8500 Fax: (19) 3287-0094
e-mail: informacoes@facamp.com.br
site: www.facamp.com.br

FACULDADE DE CIÊNCIAS HUMANAS E JURÍDICAS DE TERESINA - FCHJT
Avenida dos Expedicionários, 790
CEP 64046-700 - Teresina - PI
Telefone: (86) 233-3136 Fax: (86) 232-4888
e-mail: fatimaportela@ceut.com.br
site: www.ceut.com.br

FACULDADE DE CIÊNCIAS HUMANAS E SOCIAIS APLICADAS - FACSÃOLUÍS
Rua das Andirobas, 26
CEP 65075-040 - São Luís - MA
Telefone: (98) 214-4000 Fax: (98) 214-4003
e-mail: francineide@facsaoluis.br
site: www.facsaoluis.br

FACULDADE DE CIÊNCIAS HUMANAS, EXATAS E LETRAS DE RONDÔNIA - FARO
BR 364 - Km 6,5 - s/n - Sentido Cuiabá
CEP 78914-751 - Porto Velho - RO
Telefone: (69) 225-2610 Fax: (69) 222-1888
e-mail: diretoria.faro@ftc.br
site: www.faronet.com.br

FACULDADE DE CIÊNCIAS SOCIAIS APLICADAS DE ATIBAIA - FAAT
Avenida Nove de Julho, 288
CEP 12940-580 - Atibaia - SP
Telefax: (11) 4412-4140
e-mail: faat@faat.edu.br
site: www.faat.edu.br

FACULDADE DE CIÊNCIAS SOCIAIS APLICADAS DE CASCAVEL - FCSAC
Tito Mufatto, 2.317
CEP 85806-080 - Cascavel - PR
Telefone: (45) 3036-3636 Fax: (45) 3036-3638
e-mail: renato@univel.br
site: www.univel.br

FACULDADE DE CIÊNCIAS SOCIAIS APLICADAS DO CESCARELI - CESCARELI
Rua Comendador Norberto, 1.299
CEP 85015-240 - Guarapuava - PR
Telefax: (42) 622-5353
e-mail: camporeal@camporeal.edu.br
site: www.camporeal.edu.br

FACULDADE DE CIÊNCIAS TECNOLÓGICAS E SOCIAIS - FACITEC
Quadra 5 - Rua 312 - 10/12 - Região Administrativa III
CEP 72130-050 - Brasília - DF
Telefone: (61) 356-4982 Fax: (61) 356-7072
e-mail: facitec@facitec.br
site: www.facitec.br

FACULDADE DE COMUNICAÇÃO SOCIAL DE HORTOLÂNDIA - FACSH
Avenida Santana, 1.070
CEP 13188-021 - Hortolândia - SP
Telefax: (19) 3897-6099
e-mail: hoyler@hoyler.edu.br
site: www.hoyler.edu.br

FACULDADE DE COMUNICAÇÃO SOCIAL DE PATOS - FACOP
Rua Horácio Nóbrega s/n
CEP 58704-000 - Patos - PB
Telefone: (83) 421-2606 Fax: (83) 421-2742
e-mail: fafipa.filosofia@bol.com.br
site: www.ffm.com.br

FACULDADE DE FILOSOFIA CIÊNCIAS E LETRAS DE CATANDUVA - FAFICA
Rua Maranhão, 898
CEP 15800-020 - Catanduva - SP
Telefone: (17) 3531-2200 Fax: (17) 3522-0525
e-mail: secretaria@fafica.br
site: www.fafica.br

FACULDADE DE FILOSOFIA DE CAMPOS - FAFIC
Avenida Visconde de Alvarenga s/n
CEP 28053-000 - Campos dos Goytacazes - RJ
Telefone: (22) 2732-4630 Fax: (22) 2732-2499
e-mail: fafic@terra.com.br
site: www.ffc.br

FACULDADE DE FILOSOFIA E CIÊNCIAS HUMANAS DE GURUPI - FAFICH
Alameda Madrid, 545 - Esquina com Rua 1
CEP 77410-470 - Gurupi - TO
Telefax: (63) 612-7500
e-mail: secretaria@unirg.edu.br
site: www.unirg.edu.br

FACULDADE DE MINAS - FAMINAS
Avenida Cristiano Ferreira Varella, 655
CEP 36880-000 - Muriaé - MG
Telefone: (32) 3729-7500 Fax: (32) 3729-7505
e-mail: diretoria@faminas.edu.br
site: www.faminas.edu.br

FACULDADE DE PATO BRANCO - FADEP
Rua Benjamin Borges dos Santos, 21
CEP 85503-350 - Pato Branco - PR
Telefax: (46) 225-6565
e-mail: fadep@fadep.br
site: www.fadep.br

FACULDADE DE TECNOLOGIA E CIÊNCIAS - FTC SALVADOR
Avenida Luiz Viana Filho, 8.812
CEP 41820-785 - Salvador - BA
Telefone: (71) 281-8000 Fax: (71) 281-8019
e-mail: diretor.ssa@ftc.br
site: www.ftc.br

FACULDADE DE TECNOLOGIA E CIÊNCIAS DE JEQUIÉ - FTC
Rua Antonio Orrico, 357
CEP 45204-010 - Jequié - BA
Telefax: (73) 525-8476
e-mail: ftc.jeq@ftc.br

FACULDADE DINÂMICA DAS CATARATAS - UDC
Rua Castelo Branco, 349
CEP 85852-010 - Foz do Iguaçu - PR
Telefax: (45) 523-6900
e-mail: udc@udc.edu.br
site: www.udc.edu.br

FACULDADE DO NORTE NOVO DE APUCARANA - FACNOPAR
Avenida Zilda Seixas Amaral s/n
CEP 86800-970 - Apucarana - PR
Telefone: (43) 420-1700 Fax: (43) 420-1710
e-mail: facnopar@facnopar.com.br
site: www.facnopar.com.br

FACULDADE DO NORTE PIONEIRO - FANORPI
Rodovia BR 153 - KM 40 - s/n
CEP 86430-000 - Santo Antônio da Platina - PR
Telefax: (43) 534-4177
e-mail: fanorpi@fanorpi.com.br
site: www.fanorpi.com.br

FACULDADE DO VALE DO IPOJUCA - FAVIP
Avenida Adjar da Silva Case, 800
CEP 55024-901 - Caruaru - PE
Telefone: (81) 3723-8000 Fax: (81) 3723-1536
e-mail: favip@favip.edu.br
site: www.favip.edu.br

FACULDADE DOIS DE JULHO - FDJ
Avenida Leovigildo Filgueiras, 81
CEP 40100-000 - Salvador - BA

Telefax: (71) 328-4810
e-mail: faculdade@fdj.com.br
site: www.fdj.com.br

FACULDADE EDUCACIONAL DE PONTA GROSSA - UNIÃO
Rua Tibúrcio Pedro Ferreira, 55
CEP 84010-090 - Ponta Grossa - PR
Telefax: (42) 222-9009
e-mail: uniao@uniao.edu.br
site: www.uniao.edu.br

FACULDADE INTEGRAÇÃO - ZONA OESTE - FIZO
Avenida Franz Voegeli, 900
CEP 06020-190 - Osasco - SP
Telefax: (11) 3681-0440
e-mail: diretoria@fizo.edu.br
site: www.fizo.edu.br

FACULDADE INTEGRADA DA BAHIA - FIB
Rua Xingu, 179 - Jardim Atalaia
CEP 41770-130 - Salvador - BA
Telefone: (71) 2107-8100 Fax: (71) 2107-8141
e-mail: fib@fib.br
site: www.fib.br

FACULDADE INTEGRADA DA GRANDE FORTALEZA - CEUDESP
Avenida Porto Velho, 401
CEP 60510-040 - Fortaleza - CE
Telefone: (85) 299-9900 Fax: (85) 496-4384
e-mail: fgf@fgf.edu.br
site: www.fgf.edu.br

FACULDADE INTEGRADA DO CEARÁ - FIC
Rua Vicente Linhares, 308
CEP 60135-270 - Fortaleza - CE
Telefax: (85) 4005-9990

e-mail: fic@fic.br
site: www.fic.br

FACULDADE INTEGRAL CANTAREIRA - FIC
Rua Marcos Arruda, 729
CEP 03020-000 - São Paulo - SP
Telefone: (11) 6090-5900 Fax: (11) 6090 5901
e-mail: fic@cantareira.br
site: www.cantareira.br

FACULDADE J. SIMÕES ENSINO SUPERIOR - JSIMÕES
Estrada da Floresta, 1.009
CEP 29214-900 - Guarapari - ES
Telefax: (27) 3361-1002
e-mail: jsimoes@jsimoes.edu.br
site: www.jsimoes.edu.br

FACULDADE JORGE AMADO - ASBEC
Avenida Luiz Viana Filho, 6.775
CEP 41745-130 - Salvador - BA
Telefone: (71) 206-8000 Fax: (71) 206-8099
e-mail: eugenio@faculdadesjorgeamado.com.br
site: www.faculdadesjorgeamado.com.br

FACULDADE MARINGÁ - CESPAR
Avenida Prudente de Moraes, 815
CEP 87010-020 - Maringá - PR
Telefone: (44)3027-1100 Fax: (44) 224-6098
e-mail: faculdadesmaringa@faculdadesmaringa.br
site: www.faculdadesmaringa.br

FACULDADE MAURÍCIO DE NASSAU - FMN
Rua Guilherme Pinto, 114
CEP 52011-210 - Recife - PE
Telefone: (81) 3413-4611 Fax: (81) 3413-4612
e-mail: bj@bureaujuridico.com.br
site: www.mauricionassau.com.br

FACULDADE METROPOLITANA LONDRINENSE - UMP
Rua Edwy Taques de Araújo, 1.100
CEP 86047-500 - Londrina - PR
Telefax: (43) 3373-7333
e-mail: ump@ump.edu.br
site: www.ump.edu.br

FACULDADE NACIONAL - FINAC
Avenida Saturnino Rangel Mauro, 1.401
CEP 29060-770 - Vitória - ES
Telefax: (27) 3227-3111
e-mail: faculdadenacional@terra.com.br
site: www.finac.br

FACULDADE NORDESTE - FANOR
Avenida Santos Dumont, 7.800
CEP 60190-800 - Fortaleza - CE
Telefax: (85) 249-4848
e-mail: damata@fanor.com.br
site: www.fanor.com.br

FACULDADE ORGANIZAÇÃO PARANAENSE DE ENSINO TÉCNICO - FAO
Rua Nilo Peçanha, 1.635
CEP 80520-000 - Curitiba - PR
Telefone: (41) 3028-2800 Fax: (41) 3028-2803
e-mail: fao@opet.com.br
site: www.fao.edu.br

FACULDADE PINHEIRO GUIMARÃES - FAPG
Rua Silveira Martins, 151
CEP 22221-000 - Rio de Janeiro - RJ
Telefone: (21) 2556-7995 Fax: (21) 2205-0797
e-mail: faculdade@pinheiroguimaraes.br
site: www.pinheiroguimaraes.br

FACULDADE POLITÉCNICA DE JUNDIAÍ – FPJ
Rua do Retiro, 3.000
CEP 13209-002 – Jundiaí – SP
Telefax: (11) 4521-7835
e-mail: diretoria@politecnica.br
site: www.unianhanguera.edu.br

FACULDADE PRUDENTE DE MORAES – FPM
Rua Professor José Benedicto Gonçalves, 309
CEP 13306-230 – Itu – SP
Telefone: (11) 4024-1902 Fax: (11) 4024-3777
e-mail: fpm@fpm.edu.br
site: www.fpm.edu.br

FACULDADE RADIAL SÃO PAULO – FARSP
Rua Doutor Antonio Bento, 509
CEP 04750-001 – São Paulo – SP
Telefax: (11) 5523-3023
e-mail: tslara@radial.br
site: www.radial.br

FACULDADE SALESIANA MARIA AUXILIADORA – FSMA
Rua Monte Elísio s/n
CEP 27943-180 – Macaé – RJ
Telefone: (22) 2772-0010 Fax: (22) 2762-0358
e-mail: fsma@castelo.com.br
site: www.fsma.edu.br

FACULDADE SANTA AMÉLIA – SECAL
Rua Barão do Cerro Azul, 827
CEP 84010-210 – Ponta Grossa – PR
Telefax: (42) 225-2424
e-mail: rogerio@uniandrade.br

FACULDADE SANTO AGOSTINHO – FSA
Avenida Valter Alencar, 665 – Sul
CEP 64019-625 – Teresina – PI

Telefone: (86) 215-8724 Fax: (86) 215-8706
e-mail: fsa@fsanet.com.br
site: www.fsanet.com.br

FACULDADE SEAMA - SEAMA
Avenida Nações Unidas, 1.201
CEP 68908-126 - Macapá - AP
Telefax: (96) 223-7393
e-mail: seama@seama.edu.br
site: www.seama.edu.br

FACULDADE SETE DE SETEMBRO - FA7
Rua Almirante Maximiano da Fonseca, 1.395
CEP 60811-020 - Fortaleza - CE
Telefone: (85) 4006-7600 Fax: (85) 4006-7614
e-mail: ednilo@fa7.edu.br
site: www.fa7.edu.br

FACULDADE SOCIAL DA BAHIA - FSBA
Avenida Oceânica, 2.717
CEP 40170-010 - Salvador - BA
Telefone: (71) 203-3695 Fax: (71) 203-3686
e-mail: aldema@fsba.edu.br
site: www.fsba.edu.br

FACULDADE SUL BRASIL - FASUL
Avenida Ministro Cirne Lima, 2.565
CEP 85903-590 - Toledo - PR
Telefax: (45) 278-2002
e-mail: fasul@fasul.com.br
site: www.fasul.edu.br

FACULDADE SUL-AMERICANA - FASAM
BR 153 s/n - KM 502
CEP 74850-370 - Goiânia - GO
Telefone: (62) 219-4000 Fax: (62) 219-4017

e-mail: milena@fasam.com.br
site: www.fasam.com.br

FACULDADE UBAENSE OZANAM COELHO - FAGOC
Rua Adjalme da Silva Botelho, 20
CEP 36500-000 - Ubá - MG
Telefone: (32) 3531-2370
e-mail: marcelo@fagoc.br
site: www.fagoc.br

FACULDADES ADAMANTINENSES INTEGRADAS - FAI
Rua Nove de Julho, 730/40
CEP 17800-000 - Adamantina - SP
Telefax: (18) 522-1002
e-mail: fai@fai.com.br
site: www.fai.com.br

FACULDADES ASSOCIADAS DE ENSINO DE SÃO JOÃO DA BOA VISTA - FAE
Largo Engenheiro Paulo de Almeida Sandeville, 15
CEP 13870-377 - São João da Boa Vista - SP
Telefax: (19) 3623-3022
e-mail: secretaria@fae.br
site: www.fae.br

FACULDADES INTEGRADAS DE CARATINGA - FIC
Rua João Pinheiro, 125
CEP 35300-037 - Caratinga - MG
Telefone: (33) 3321-2122 Fax: (33) 3321-1976
e-mail: secgeral@spep.com.br
site: www.ficmg.edu.br

FACULDADES INTEGRADAS DE SÃO PAULO - FISP
Rua Engenheiro Isaac Milder, 355
CEP 05688-010 - São Paulo - SP
Telefone: (11) 3758-3009 Fax: (11) 3758-7477

e-mail: fisp@fisp.br
site: www.fisp.br

FACULDADES INTEGRADAS DE TRÊS LAGOAS - AEMS
Avenida Ponta Porá, 2.750
CEP 79610-320 - Três Lagoas - MS
Telefone: (67) 521-4761 Fax: (67) 521-0327
e-mail: aems@aems.com.br
site: www.aems.com.br

FACULDADES INTEGRADAS DE VÁRZEA GRANDE - FIAVEC
Rua Artur Bernardes, 525
CEP 78125-100 - Várzea Grande - MT
Telefone: (65) 686-3730 Fax: (65) 686-1902
e-mail: jussara@ive.edu.br
site: www.ive.edu.br

FACULDADES INTEGRADAS DO BRASIL - UNIBRASIL
Rua Konrad Adenauer, 442
CEP 82820-540 - Curitiba - PR
Telefax: (41) 361-4200
e-mail: unibrasil@unibrasil.com.br
site: www.unibrasil.com.br

FACULDADES INTEGRADAS DO ICESP - FACICESP
QE 11 - Área Especial C/D s/n - Região Administrativa X
CEP 71020-300 - Brasília - DF
Telefax: (61) 381-4000
e-mail: icesp@icesp.br
site: www.icesp.br

FACULDADES INTEGRADAS DO OESTE DE MINAS - FADOM
Rua Interlagos s/n -
CEP 35500-285 - Divinópolis - MG
Telefone: (37) 3229-4800 Fax: (37) 3229-4834
e-mail: secretaria@fadom.br
site: www.fadom.br

FACULDADES INTEGRADAS FACVEST – FACVEST
Avenida Marechal Floriano, 947
CEP 88501-103 – Lages – SC
Telefax: (49) 225-0747
e-mail: webmaster@sle.br
site: www.sle.br

FACULDADES INTEGRADAS HÉLIO ALONSO – FACHA
Rua Muniz Barreto, 51
CEP 22251-090 – Rio de Janeiro – RJ
Telefax: (21) 2553-0405
e-mail: secgeral@facha.br
site: www.facha.br

FACULDADES INTEGRADAS IPITANGA – UNIBAHIA
Estrada do Coco s/n – Km 4
CEP 42700-000 – Lauro de Freitas – BA
Telefone: (71) 379-9240 Fax: (71) 379-9266
e-mail: unibahia@unibahia.br
site: www.unibahia.br

FACULDADES INTEGRADAS PADRE HUMBERTO – FIPH
Rua Major Porphirio Henriques, 41
CEP 28300-000 – Itaperuna – RJ
Telefone: (22) 3824-8181 Fax: (22) 3824-3202
e-mail: fafita@fsj.edu.br
site: www.fsj.edu.br

FACULDADES INTEGRADAS RIO BRANCO – FRB
Rua Capitão José Inácio do Rosário, 133
CEP 05038-070 – São Paulo – SP
Telefone: (11) 3879-3136 Fax: (11) 3611-7410
e-mail: diretoriageral@riobrancofac.edu.br
site: www.riobrancofac.edu.br

FACULDADES INTEGRADAS SÃO PEDRO - FAESA
Rodovia Serafim Derenzi, 3.115
CEP 29030-001 - Vitória - ES
Telefone: (27) 3331-4500 Fax: (27) 3331-4529
e-mail: secretaria2@faesa.br
site: www.faesa.br

FACULDADES INTEGRADAS TERESA D'ÁVILA - FATEA
Avenida Peixoto de Castro, 539
CEP 12606-580 - Lorena - SP
Telefone: (12) 3153-2888 R.: 226 Fax: (12) 3153-2688
e-mail: secretaria-fatea@fatea.br
site: www.fatea.br

FACULDADES INTEGRADAS TOLEDO
Rua Jardim Sumaré, 595 - Térreo
CEP 16015-270 - Araçatuba - SP
Telefone: (18) 620-7000 R.: 7004 Fax: (18) 620-7015
e-mail: secretariageral@toledo.br
site: www.toledo.br

FIAM-FAAM - CENTRO UNIVERSITÁRIO - UNIFIAM-FAAM
Rua Taguá, 150 - Prédio 1
CEP 01508-010 - São Paulo - SP
Telefone: (11) 3346-6219 Fax: (11) 3346-6249
e-mail: documentacao@fiamfaam.br
site: www.fiamfaam.br

INSTITUTO BLUMENAUENSE DE ENSINO SUPERIOR - IBES
Rua Pandiá Calógeras, 272
CEP 89010-350 - Blumenau - SC
Telefax: (47) 222-2919
e-mail: ibes@unibes.com.br
site: www.unibes.com.br

INSTITUTO DE EDUCAÇÃO SUPERIOR DE BRASÍLIA - IESB
SGAN - Quadra 609 s/n - Bloco D - Avenida L2 Norte
CEP 70850-090 - Brasília - DF
Telefone: (61) 448-9800 Fax: (61) 448-9897
e-mail: iesb@iesb.br
site: www.iesb.br

INSTITUTO DE EDUCAÇÃO SUPERIOR SÃO FRANCISCO DE ASSIS DE TEÓFILO OTONI
Rua Antonio Onofre s/n
CEP 39803-077 - Teófilo Otoni - MG
Telefax: (33) 3522-5725
e-mail: soebras@mail.connect.com.br

INSTITUTO DE ENSINO SUPERIOR COC - COC
Rua Abraão Issa Halack, 980
CEP 14096-160 - Ribeirão Preto - SP
Telefone: (16) 618-2000 Fax: (16) 603-9942
e-mail: faculdadescoc@coc.com.br
site: www.faculdadescoc.com.br

INSTITUTO DE ENSINO SUPERIOR DE JOÃO MONLEVADE - IES/FUNCEC
Rua 16, 24
CEP 35930-173 - João Monlevade - MG
Telefone: (31) 3852-4000 Fax: (31) 3852-4434
e-mail: iesfuncec@funcec.br
site: www.funcec.br

INSTITUTO DE ENSINO SUPERIOR DO ACRE - IESACRE
Travessa Ponta Porã, 100
CEP 69910-900 - Rio Branco - AC
Telefone: (68) 244-1282 Fax: (068) 244-1378
e-mail: celeste.florido@bol.com.br

INSTITUTO DE ENSINO SUPERIOR E PESQUISA - INESP
Campus Universitário s/n
CEP 35500-970 - Divinópolis - MG

Telefone: (37) 3229-3500 Fax: (37) 3229-3516
e-mail: funedi@funedi.edu.br
site: www.divinopolis.uemg.br

INSTITUTO DE ENSINO SUPERIOR JOÃO ALFREDO DE ANDRADE – IJAA
Avenida Tanus Saliba, 468
CEP 35675-000 – Juatuba – MG
Telefax: (31) 3535-8142
e-mail: secretaria@jandrade.edu.br
site: www.jandrade.edu.br

INSTITUTO MUNICIPAL DE ENSINO SUPERIOR DE ASSIS – IMESA
Avenida Getúlio Vargas, 1.200
CEP 19807-634 – Assis – SP
Telefax: (18) 3302-1055
e-mail: imesa@femanet.com.br
site: www.imesafema.com.br

INSTITUTO MUNICIPAL DE ENSINO SUPERIOR DE BEBEDOURO VICTÓRIO CARDASSI – IMESB
Rua Nelson Domingos Madeira, 300
CEP 14706-124 – Bebedouro – SP
Telefone: (17) 3345-9366 Fax: (17) 3345-9361
e-mail: imesb@imesb.br
site: www.imesb.br

INSTITUTO SUPERIOR DE CIÊNCIAS APLICADAS – ISCA
Via 147 – Limeira-Piracicaba – Km 4 – s/n
CEP 13482-383 – Limeira – SP
Telefone: (19) 3404-4700 Fax: (19) 3404-707
e-mail: isca@alie.br
site: www.alie.br

INSTITUTO SUPERIOR E CENTRO EDUCACIONAL LUTERANO – BOM JESUS – IELUSC
Rua Princesa Isabel, 438
CEP 89201-270 – Joinville – SC

Telefone: (47) 433-0155 Fax: (47) 433-4737
e-mail: secretaria@ielusc ielusc.br
site: www.ielusc.br

PONTIFÍCIA UNIVERSIDADE CATÓLICA DE CAMPINAS - PUC-CAMPINAS
Rodovia Dom Pedro I - Km 136
CEP 13086-900 - Campinas - SP
Telefone: (19) 3756-7000 Fax: (19) 3256-8477
e-mail: reitoria@puc-campinas.edu.br
site: www.puc-campinas.edu.br

PONTIFÍCIA UNIVERSIDADE CATÓLICA DE MINAS GERAIS - PUC MINAS
Avenida Dom José Gaspar, 500
CEP 30535-610 - Belo Horizonte - MG
Telefone: (31) 3319-4196 Fax: (31) 3319-4225
e-mail: prograd@pucminas.br
site: www.pucminas.br

PONTIFÍCIA UNIVERSIDADE CATÓLICA DE SÃO PAULO - PUCSP
Rua Monte Alegre, 984
CEP 05014-901 - São Paulo - SP
Telefone: (11) 3670-8000 Fax: (11) 3670-8504
e-mail: reitoria@pucsp.br
site: www.pucsp.br

PONTIFÍCIA UNIVERSIDADE CATÓLICA DO PARANÁ - PUCPR
Rua Imaculada Conceição, 1.155
CEP 80215-901 - Curitiba - PR
Telefone: (41) 271-1515 Fax: (41) 271-5588
e-mail: webmaster@pucpr.br
site: www.pucpr.br

PONTIFÍCIA UNIVERSIDADE CATÓLICA DO RIO DE JANEIRO - PUC-RIO
Rua Marquês de São Vicente, 225
CEP 22453-900 - Rio de Janeiro - RJ
Telefone: (21) 3114-1618 Fax: (21) 3114-1132

e-mail: luzzia@vrac.puc-rio.br
site: www.puc-rio.br

PONTIFÍCIA UNIVERSIDADE CATÓLICA DO RIO GRANDE DO SUL - PUCRS
Avenida Ipiranga, 6.681 - Prédio 1
CEP 90619-900 - Porto Alegre - RS
Telefone: (51) 3320-3573 Fax: (51) 3320-3609
e-mail: dircad@pucrs.br
site: www.pucrs.br

UNIÃO DAS FACULDADES DOS GRANDES LAGOS - UNILAGO
Rua Eduardo Nielsen, 960
CEP 15030-070 - São José do Rio Preto - SP
Telefone: (17) 234-6166 Fax: (17) 234-3787 R.: 218
e-mail: unilago@unilago.com.br
site: www.unilago.com.br

UNIVERSIDADE ANHEMBI MORUMBI - UAM
Rua Casa do Ator, 90 - Térreo
CEP 04546-000 - São Paulo - SP
Telefone: (11) 3847-3000 Fax: (11) 3841-9547
e-mail: reit.rei@anhembi.br
site: www.anhembi.br

UNIVERSIDADE BANDEIRANTE DE SÃO PAULO - UNIBAN
Rua Maria Cândida, 1.813
CEP 02071-013 - São Paulo - SP
Telefax: (11) 6967-9000
e-mail: lcosme@uniban.br
site: www.uniban.br

UNIVERSIDADE BRAZ CUBAS - UBC
Avenida Francisco Rodrigues Filho, 1.233 - Campus Universitário
CEP 08773-380 - Mogi das Cruzes - SP
Telefone: (11) 4791-8000 Fax: (11) 4790-3844

e-mail: gabinete@brazcubas.br
site: www.brazcubas.br

UNIVERSIDADE CANDIDO MENDES - UCAM
Rua da Assembleia, 10 - Sala 4.208
CEP 20011-901 - Rio de Janeiro - RJ
Telefone: (21) 2531-2496 Fax: (21) 2531-2337
e-mail: pemn@candidomendes.edu.br
site: www.candidomendes.edu.br

UNIVERSIDADE CASTELO BRANCO - UCB
Avenida Santa Cruz, 1.631
CEP 21710-250 - Rio de Janeiro - RJ
Telefone: (21) 2406-7700 Fax: (21) 2401-9696
e-mail: ai@castelobranco.br
site: www.castelobranco.br

UNIVERSIDADE CATÓLICA DE BRASÍLIA - UCB
QS 07 - EPCT - Lote 1
CEP 71966-700 - Brasília - DF
Telefone: (61) 356-9000 Fax: (61) 356-1800
e-mail: arthur@ucb.br
site: www.ucb.br

UNIVERSIDADE CATÓLICA DE PELOTAS - UCPEL
Rua Félix da Cunha, 412
CEP 96010-000 - Pelotas - RS
Telefone: (53) 284-8000 Fax: (53) 225-3105
e-mail: ucpel@phoenix.ucpel.tche.br
site: www.ucpel.tche.br

UNIVERSIDADE CATÓLICA DE PERNAMBUCO - UNICAP
Rua do Príncipe, 526 - Campus Universitário
CEP 50050-900 - Recife - PE
Telefone: (81) 3216-4204 Fax: (81) 3423-0541
e-mail: thpeters@unicap.br
site: www.unicap.br

UNIVERSIDADE CATÓLICA DE SANTOS - UNISANTOS
Avenida Conselheiro Nébias, 300
CEP 11015-002 - Santos - SP
Telefax: (13) 3228-1263
e-mail: secgeral@unisantos.br
site: www.unisantos.br

UNIVERSIDADE CATÓLICA DOM BOSCO - UCDB
Avenida Tamandaré, 6.000 - Jardim Seminário
CEP 79117-900 - Campo Grande - MS
Telefone: (67) 312-3800 Fax: (67) 312-3301
e-mail: dga@ucdb.br
site: www.ucdb.br

UNIVERSIDADE CIDADE DE SÃO PAULO - UNICID
Rua Cesário Galeno, 432 - 448
CEP 03071-000 - São Paulo - SP
Telefone: (11) 6190-1419 Fax: (11) 6190-1415
e-mail: gabreit@unicid.br
site: www.unicid.br

UNIVERSIDADE COMUNITÁRIA REGIONAL DE CHAPECÓ - UNOCHAPECÓ
Avenida Senador Attílio Fontana, 591
CEP 89809-000 - Chapecó - SC
Telefone: (49) 321-8233 Fax: (49) 321-8061
e-mail: reitoria@unochapeco.edu.br
site: www.unochapeco.edu.br

UNIVERSIDADE CRUZEIRO DO SUL - UNICSUL
Avenida Doutor Ussiel Cirilo, 225 - Vila Jacuí
CEP 108060-070 - São Paulo - SP
Telefax: (11) 6137-5700
e-mail: unicsul@unicsul.br
site: www.unicsul.br

UNIVERSIDADE DA AMAZÔNIA - UNAMA
Avenida Alcindo Cacela, 287 - Térreo
CEP 66060-902 - Belém - PA
Telefone: (91) 210-3008 Fax: (91) 210-3172
e-mail: planeja@unama.br
site: www.unama.br

UNIVERSIDADE DA REGIÃO DA CAMPANHA - URCAMP
Avenida Tupy Silveira, 2.099
CEP 96400-110 - Bagé - RS
Telefone: (53) 242-8244 R.: 222 Fax: (53) 242-8898
e-mail: urcamp@urcamp.tche.br
site: www.urcamp.tche.br

UNIVERSIDADE DE BRASÍLIA - UNB
Campus Universitário Darcy Ribeiro s/n
CEP 70910-900 - Brasília - DF
Telefone: (61) 307-2600 Fax: (61) 272-0003
e-mail: unb@unb.br
site: www.unb.br

UNIVERSIDADE DE CAXIAS DO SUL - UCS
Rua Francisco Getúlio Vargas, 1.130 - Bloco A
CEP 95020-972 - Caxias do Sul - RS
Telefone: (54) 218-2143 Fax: (54) 218-2726
e-mail: ewilbert@ucs.br
site: www.ucs.br

UNIVERSIDADE DE CRUZ ALTA - UNICRUZ
Rua Andrade Neves, 308
CEP 98025-810 - Cruz Alta - RS
Telefone: (55) 3321-1753 Fax: (55) 3321-1722
e-mail: reitoria@unicruz.edu.br
site: www.unicruz.edu.br

UNIVERSIDADE DE CUIABÁ - UNIC
Avenida Beira Rio, 3.100
CEP 78015-480 - Cuiabá - MT
Telefone: (65) 615-1000 Fax: (65) 615-1100
e-mail: dldi.ana@unic.br
site: www.unic.br

UNIVERSIDADE DE FORTALEZA - UNIFOR
Avenida Washington Soares, 1.321
CEP 60811-341 - Fortaleza - CE
Telefone: (85) 3477-3104 Fax: (85) 3477-3055
e-mail: reitoria@unifor.br
site: www.unifor.br

UNIVERSIDADE DE FRANCA - UNIFRAN
Avenida Doutor Armando Sales Oliveira, 201
CEP 14404-600 - Franca - SP
Telefone: (16) 3711-8888 Fax: (16) 3711-8886
e-mail: sdi@unifran.br
site: www.unifran.br

UNIVERSIDADE DE MARÍLIA - UNIMAR
Avenida Higyno Muzzi Filho, 1.001 - Bloco I
CEP 17525-902 - Marília - SP
Telefone: (14) 3402-4111 Fax: (14) 3433-8691
e-mail: proaco@unimar.br
site: www.unimar.br

UNIVERSIDADE DE MOGI DAS CRUZES - UMC
Avenida Doutor Cândido Xavier de Almeida Souza, 200
CEP 08780-911 - Mogi das Cruzes - SP
Telefone: (11) 4798-7072 Fax: (11) 4799-1569
e-mail: reitoria@umc.br
site: www.umc.br

UNIVERSIDADE DE PASSO FUNDO - UPF
Campus Passo Fundo - Campus I s/n - BR 285 - Km 171
CEP 99001-970 - Passo Fundo - RS
Telefone: (54) 316-8113 Fax: (54) 311-1307
e-mail: reitoria@upf.br
site: www.upf.br

UNIVERSIDADE DE RIBEIRÃO PRETO - UNAERP
Avenida Costábile Romano, 2.201
CEP 14096-380 - Ribeirão Preto - SP
Telefone: (16) 603-7000 Fax: (16) 603-7073
e-mail: vbonini@unaerp.br
site: www.unaerp.br

UNIVERSIDADE DE SANTA CRUZ DO SUL - UNISC
Avenida Independência, 2.293
CEP 96815-900 - Santa Cruz do Sul - RS
Telefone: (51) 3717-7300 Fax: (51) 3717-1855
e-mail: info@unisc.br
site: www.unisc.br

UNIVERSIDADE DE SANTO AMARO - UNISA
Avenida Adolfo Pinheiro, 1.000 - 11º andar
CEP 04734-002 - São Paulo - SP
Telefone: (11) 5545-8800 Fax: (11) 5522-7844
e-mail: marketing@unisa.br
site: www.unisa.br

UNIVERSIDADE DE SÃO PAULO - USP
Rua da Reitoria, 109 - Cidade Universitária
CEP 05508-010 - São Paulo - SP
Telefone: (11) 3091-3500 Fax: (11) 3091-5655
e-mail: gr@edu.usp.br
site: www.usp.br

UNIVERSIDADE DE SOROCABA - UNISO
Rodovia Raposo Tavares s/n - Km 92,5
CEP 18023-000 - Sorocaba - SP
Telefone: (15) 2101-7000 Fax: (15) 2101-7112
e-mail: uniso@uniso.br
site: www.uniso.br

UNIVERSIDADE DE TAUBATÉ - UNITAU
Rua Quatro de Março, 432
CEP 12020-270 - Taubaté - SP
Telefone: (12) 225-4295 Fax: (12) 232-7660
e-mail: reitoria@unitau.br
site: www.unitau.br

UNIVERSIDADE DE UBERABA - UNIUBE
Avenida Nenê Sabino, 1.801 - Campus Universitário
CEP 38055-500 - Uberaba - MG
Telefone: (34) 3319-8800 Fax: (34) 3314- 8910
e-mail: ricardo.cunha@uniube.br
site: www.uniube.br

UNIVERSIDADE DO CONTESTADO - UNC
Rua Atílio Faoro, 221
CEP 89500-000 - Caçador - SC
Telefone: (49) 561-2600 Fax: (49) 561-2608
e-mail: reitoria@unc.br
site: www.unc.br

UNIVERSIDADE DO ESTADO DA BAHIA - UNEB
Rua Silveira Martins, 2.555 - Narandiba
CEP 41195-001 - Salvador - BA
Telefone: (71) 387-5000 Fax: (71) 387-5019
e-mail: unebgab@svn.com.br
site: www.uneb.br

UNIVERSIDADE DO ESTADO DO RIO DE JANEIRO – UERJ
Rua São Francisco Xavier, 524 – Campus Uerj
CEP 20559-900 – Rio de Janeiro – RJ
Telefone: (21) 2587-7100 Fax: (21) 2284-5033
e-mail: datauerj@uerj.br
site: www.uerj.br

UNIVERSIDADE DO ESTADO DO RIO GRANDE DO NORTE – UERN
Rua Almino Afonso, 478
CEP 59610-210 – Mossoró – RN
Telefone: (84) 315-2139 Fax: (84) 315-2108
e-mail: reitoria@uern.br
site: www.uern.br

UNIVERSIDADE DO OESTE PAULISTA – UNOESTE
Rua José Bongiovani, 700 – Campus Universitário
CEP 19050-900 – Presidente Prudente – SP
Telefone: (18) 229-1000 Fax: (18) 229-1013
e-mail: unoeste@apec.unoeste.br
site: www.unoeste.br

UNIVERSIDADE DO SAGRADO CORAÇÃO – USC
Rua Irmã Arminda, 10-50
CEP 17011-160 – Bauru – SP
Telefone: (14) 3235-7008 Fax: (14) 3235-7325
e-mail: reitoria@usc.br
site: www.usc.br

UNIVERSIDADE DO SUL DE SANTA CATARINA – UNISUL
Avenida José Acácio Moreira, 787 – Campus Universitário
CEP 88704-900 – Tubarão – SC
Telefone: (48) 621-3000 Fax: (48) 621-3036
e-mail: dete@unisul.br
site: www.unisul.br

UNIVERSIDADE DO VALE DO ITAJAÍ - UNIVALI
Rua Uruguai, 458
CEP 88302-202 - Itajaí - SC
Telefone: (47) 341-7575 Fax: (47) 341-7577
e-mail: reitoria@univali.br
site: www.univali.br

UNIVERSIDADE DO VALE DO PARAÍBA - UNIVAP
Avenida Shishima Hifumi, 2.911
CEP 12244-000 - São José dos Campos - SP
Telefone: (12) 3947-1056 Fax: (12) 3949-1334
e-mail: prg@univap.br
site: www.univap.br

UNIVERSIDADE DO VALE DO RIO DOS SINOS - UNISINOS
Avenida Unisinos, 950
CEP 93022-000 - São Leopoldo - RS
Telefone: (51) 590-8494 Fax: (51) 590-8313
e-mail: eusebio@luna.unisinos.br
site: www.unisinos.br

UNIVERSIDADE DO VALE DO SAPUCAÍ - UNIVÁS
Avenida Alfredo Custódio de Paula, 240
CEP 37550-000 - Pouso Alegre - MG
Telefone: (35) 3449-2103 Fax: (35) 3449-2161
e-mail: univas@univas.edu.br
site: www.univas.edu.br

UNIVERSIDADE ESTÁCIO DE SÁ - UNESA
Rua do Bispo, 83
CEP 20261-060 - Rio de Janeiro - RJ
Telefone: (21) 2430-6757 Fax: (21) 2430-6736
e-mail: vr.graduacao@estacio.br
site: www.estacio.br

UNIVERSIDADE ESTADUAL DA PARAÍBA – UEPB
Avenida Marechal Floriano Peixoto, 718
CEP 58100-001 – Campina Grande – PB
Telefone: (83) 341-3300 Fax: (83) 341-5903
e-mail: proplan@uepb.rpp
site: www.uepb.rpp.br

UNIVERSIDADE ESTADUAL DE LONDRINA – UEL
Rodovia Celso Garcia Cid/ PR 445 – Km 380
CEP 86051-990 – Londrina – PR
Telefone: (43) 3371-4000 Fax: (43) 3371-4644
e-mail: apcdaai@uel.br
site: www.uel.br

UNIVERSIDADE ESTADUAL DE PONTA GROSSA – UEPG
Avenida General Carlos Cavalcanti, 4.748
CEP 84030-900 – Ponta Grossa – PR
Telefone: (42) 220-3000 Fax: (42) 220-3233
e-mail: uepg@uepg.br
site: www.uepg.br

UNIVERSIDADE ESTADUAL DO CENTRO-OESTE – UNICENTRO
Rua Presidente Zacarias, 875
CEP 85010-990 – Guarapuava – PR
Telefone: (42) 622-4600 Fax: (42) 623-8644
e-mail: webmail@unicentro.br
site: www.unicentro.br

UNIVERSIDADE ESTADUAL DO PIAUÍ – UESPI
Rua João Cabral s/n
CEP 002-150 – Teresina – PI
Telefone: (86) 213-5195 Fax: (86) 213-2733
e-mail: webmaster@uespi.br
site: www.uespi.br

UNIVERSIDADE ESTADUAL DO SUDOESTE DA BAHIA - UESB
Estrada do Bem Querer Km 4
CEP 45083-900 - Vitória da Conquista - BA
Telefone: (77) 424-8728 Fax: (77) 424-8624
e-mail: slda@uesb.br
site: www.uesb.br

UNIVERSIDADE ESTADUAL PAULISTA JÚLIO DE MESQUITA FILHO - UNESP
Alameda Santos, 647
CEP 01419-901 - São Paulo - SP
Telefone: (11) 252-0217 Fax: (11) 252-0202
e-mail: sena@reitoria.unesp.br
site: www.unesp.br

UNIVERSIDADE FEDERAL DA BAHIA - UFBA
Rua Augusto Viana s/n - Palácio da Reitoria
CEP 40110-060 - Salvador - BA
Telefone: (71) 263-7000 Fax: (71) 263-7027
e-mail: reitor@ufba.br
site: www.ufba.br

UNIVERSIDADE FEDERAL DA PARAÍBA - UFPB
Cidade Universitária s/n - Campus I
CEP 58059-900 - João Pessoa - PB
Telefone: (83) 216-7150 Fax: (83) 225-1901
e-mail: gabinete@reitoria.ufpb.br
site: www.ufpb.br

UNIVERSIDADE FEDERAL DE ALAGOAS - UFAL
Avenida Lourival de Melo Mota s/n - Cidade Universitária
CEP 57072-900 - Maceió - AL
Telefone: (82) 214-1002 Fax: (82) 214-1700
e-mail: gr@reitoria.ufal.br
site: www.ufal.br

UNIVERSIDADE FEDERAL DE GOIÁS - UFG
Rodovia Goiânia-Nerópolis Km 12
CEP 74001-970 - Goiânia - GO
Telefone: (62) 521-1063 Fax: (62) 521-1200
e-mail: reitoria@reitoria.ufg.br
site: www.ufg.br

UNIVERSIDADE FEDERAL DE JUIZ DE FORA - UFJF
Rua Benjamin Constant, 790
CEP 36015-400 - Juiz de Fora - MG
Telefone: (32) 3229-3902 Fax: (32) 3229-3933
e-mail: gabinete@ufjf.edu.br
site: www.ufjf.edu.br

UNIVERSIDADE FEDERAL DE MATO GROSSO - UFMT
Avenida Fernando Corrêa da Costa s/n
CEP 78060-900 - Cuiabá - MT
Telefone: (65) 615 -8203 Fax: (65) 615 -8204
e-mail: ufmt@cpd.ufmt.br
site: www.ufmt.br

UNIVERSIDADE FEDERAL DE MATO GROSSO DO SUL - UFMS
Campus de Campo Grande s/n
CEP 79070-900 - Campo Grande - MS
Telefone: (67) 345-7016 Fax: (67) 345-7015
e-mail: reitor@nin.ufms.br
site: www.ufms.br

UNIVERSIDADE FEDERAL DE MINAS GERAIS - UFMG
Avenida Presidente Antônio Carlos, 6.627
CEP 31270-010 - Belo Horizonte - MG
Telefone: (31) 3499-4124 Fax: (31) 3499-4130
e-mail: info@prograd.ufmg.br
site: www.ufmg.br

UNIVERSIDADE FEDERAL DE PERNAMBUCO - UFPE
Avenida Professor Moraes Rego, 1.235
CEP 50670-901 - Recife - PE
Telefone: (81) 3271-8000 Fax: (81) 3271-8129
e-mail: alins@ufpe.br
site: www.ufpe.br

UNIVERSIDADE FEDERAL DE RONDÔNIA - UNIR
Avenida Presidente Dutra, 2.965 - Centro
CEP 78900-500 - Porto Velho - RO
Telefone: (69) 217-2501 Fax: (69) 217-2521
e-mail: reitoria@unir.br
site: www.unir.br

UNIVERSIDADE FEDERAL DE RORAIMA - UFRR
Campus do Paricarana s/n - BR 174
CEP 69310-270 - Boa Vista - RR
Telefone: (95) 621-3100 Fax: (95) 621-3101
e-mail: prg@ufrr.br
site: www.ufrr.br

UNIVERSIDADE FEDERAL DE SANTA CATARINA - UFSC
Campus Universitário s/n
CEP 88040-900 - Florianópolis - SC
Telefone: (48) 331-9000 Fax: (48) 234-4069
e-mail: gabinete@reitoria.ufsc.br
site: www.ufsc.br

UNIVERSIDADE FEDERAL DE SANTA MARIA - UFSM
Cidade Universitária Prof. José Mariano da Rocha Filho, RS 509, Km 9 s/n
CEP 97105-900 - Santa Maria - RS
Telefone: (55) 220-8000 Fax: (55) 220-8001
e-mail: gabinete@adm.ufsm.br
site: www.ufsm.br

UNIVERSIDADE FEDERAL DE SERGIPE - UFS
Avenida Marechal Rondon s/n
CEP 49100-000 - São Cristóvão - SE
Telefone: (79) 212-6408 Fax: (79) 212-6474
e-mail: gabinete@ufs.br
site: www.ufs.br

UNIVERSIDADE FEDERAL DO TOCANTINS - UFT
Avenida NS 15 s/n - Bloco IV
CEP 77020-970 - Palmas - TO
Telefax: (63) 218-8032
e-mail: prograd@uft.edu.br
site: www.uft.edu.br

UNIVERSIDADE FEDERAL DE VIÇOSA - UFV
Avenida Peter Henry Rolfs s/n - Reitoria
CEP 36571-000 - Viçosa - MG
Telefone: (31) 3899-2101 Fax: (31) 3899-2203
e-mail: reitoria@ufv.br
site: www.ufv.br

UNIVERSIDADE FEDERAL DO ACRE - UFAC
Campus Universitário - BR 364 - Km 4
CEP 69915-900 - Rio Branco - AC
Telefone: (68) 212-3571 Fax: (68) 229-1246
e-mail: reitoria@ufac.br
site: www.ufac.br

UNIVERSIDADE FEDERAL DO AMAZONAS - UFAM
General Rodrigo Otávio Jordão Ramos, 3.000 - Campus Universitário
CEP 69077-000 - Manaus - AM
Telefax: (92) 647-4314
e-mail: proplan@dpi ufam.edu.br
site: www.ufam.edu.br

UNIVERSIDADE FEDERAL DO CEARÁ - UFC
Avenida da Universidade, 2.853
CEP 60020-181 - Fortaleza - CE
Telefone: (85) 281-3011 Fax: (85) 243-4746
e-mail: prplufc@ufc.br
site: www.ufc.br

UNIVERSIDADE FEDERAL DO ESPÍRITO SANTO - UFES
Avenida Fernando Ferrari s/n - Campus Universitário
CEP 29060-900 - Vitória - ES
Telefone: (27) 3335-2200 Fax: (27) 3335-2818
e-mail: reitor@reitoria.ufes.br
site: www.ufes.br

UNIVERSIDADE FEDERAL DO MARANHÃO - UFMA
Praça Gonçalves Dias, 351 - Largo dos Amores
CEP 65020-240 - São Luís - MA
Telefone: (98) 217-8011 Fax: (98) 217-8026
e-mail: diai@ufma.br
site: www.ufma.br

UNIVERSIDADE FEDERAL DO PARÁ - UFPA
Rua Augusto Corrêa, 1 - Campus Universitário Guamá
CEP 66075-110 - Belém - PA
Telefone: (91) 211-1112 Fax: (91) 211-1675
e-mail: proplan@ufpa.br
site: www.ufpa.br

UNIVERSIDADE FEDERAL DO PARANÁ - UFPR
Rua XV de Novembro, 1.299
CEP 80060-000 - Curitiba - PR
Telefone: (41) 360-5121 Fax: (41) 360-5126
e-mail: proplan@ufpr.br
site: www.ufpr.br

UNIVERSIDADE FEDERAL DO PIAUÍ - UFPI
Campus Universitário Ministro Petrônio Portela s/n
CEP 64049-550 - Teresina - PI
Telefone: (86) 215-5625 Fax: (86) 215-5880
e-mail: proplan@ufpi.br
site: www.ufpi.br

UNIVERSIDADE FEDERAL DO RIO DE JANEIRO - UFRJ
Avenida Brigadeiro Trompowsky s/n - Cidade Universitária
CEP 21941-590 - Rio de Janeiro - RJ
Telefone: (21) 2598-9600 Fax: (21) 2598-1605
e-mail: reitoria@reitoria.ufrj.br
site: www.ufrj.br

UNIVERSIDADE FEDERAL DO RIO GRANDE DO NORTE - UFRN
Avenida Senador Salgado Filho, 3.000 - Campus Universitário
CEP 59078-970 - Natal - RN
Telefone: (84) 215-3119 Fax: (84) 215-3131
e-mail: gabinete@reitoria.ufrn.br
site: www.ufrn.br

UNIVERSIDADE FEDERAL DO RIO GRANDE DO SUL - UFRGS
Avenida Paulo Gama, 110 - Térreo
CEP 90040-060 - Porto Alegre - RS
Telefone: (51) 3316-3600 Fax: (51) 3316-3973
e-mail: ufrgs@vortex.ufrgs.br
site: www.ufrgs.br

UNIVERSIDADE FEDERAL FLUMINENSE - UFF
Rua Miguel de Frias, 9 - 7º Andar
CEP 24220-000 - Niterói - RJ
Telefone: (21) 2704-2108 Fax: (21) 2620-4553
e-mail: gabinete@gar.uff.br
site: www.uff.br

UNIVERSIDADE FUMEC
Rua Gonçalves Dias, 31
CEP 30140-090 - Belo Horizonte - MG
Telefone: (31) 3269-5200 Fax: (31) 3227-4266
e-mail: fumec@fumec.br
site: www.fumec.br

UNIVERSIDADE GAMA FILHO - UGF
Rua Manoel Vitorino, 553
CEP 20748-900 - Rio de Janeiro - RJ
Telefone: (21) 2599-7125 Fax: (21) 2591-4448
e-mail: vrac@ugf.br
site: www.ugf.br

UNIVERSIDADE GUARULHOS - UNG
Praça Tereza Cristina, 1
CEP 07023-070 - Guarulhos - SP
Telefone: (11) 6409-9222 Fax: (11) 6440-2030
e-mail: reitora@ung.br
site: www.ung.br

UNIVERSIDADE LUTERANA DO BRASIL - ULBRA
Rua Miguel Tostes, 101
CEP 92420-280 - Canoas - RS
Telefone: (51) 477-4000 Fax: (51) 477-9270
e-mail: auditoriag@ulbra.br
site: www.ulbra.br

UNIVERSIDADE METODISTA DE PIRACICABA - UNIMEP
Rodovia do Açúcar Km 156 s/n
CEP 13400-911 - Piracicaba - SP
Telefone: (19) 3124-1515 Fax: (19) 3124-1500
e-mail: unimep@unimep.br
site: www.unimep.br

UNIVERSIDADE METODISTA DE SÃO PAULO - UMESP
Rua do Sacramento, 230
CEP 09640-000 - São Bernardo do Campo - SP
Telefone: (11) 4366-5538 Fax: (11) 4366-5782
e-mail: sgeral@metodista.br
site: www.metodista.br

UNIVERSIDADE NORTE DO PARANÁ - UNOPAR
Avenida Paris, 675
CEP 86041-120 - Londrina - PR
Telefone: (43) 3371-7700 Fax: (43) 3371-7721
e-mail: planejamento@unopar.br
site: www.unopar.br

UNIVERSIDADE PARA O DESENVOLVIMENTO DO ALTO VALE DO ITAJAÍ - UNIDAVI
Rua Dr. Guilherme Gemballa, 13
CEP 89160-000 - Rio do Sul - SC
Telefone: (47) 531-6000 Fax: (47) 531-6001
e-mail: unidavi@unidavi.edu.br
site: www.unidavi.edu.br

UNIVERSIDADE PARA O DESENVOLVIMENTO DO ESTADO E DA REGIÃO DO PANTANAL - UNIDERP
Rua Ceará, 333
CEP 79003-010 - Campo Grande - MS
Telefone: (67) 348-8000 Fax: (67) 341-9210
e-mail: uniderp@uniderp.br
site: www.uniderp.br

UNIVERSIDADE PARANAENSE - UNIPAR
Praça Mascarenhas de Moraes s/n
CEP 87502-210 - Umuarama - PR
Telefone: (44) 621-2828 Fax: (44) 23-2553
e-mail: degedu@unipar.br
site: www.unipar.br

UNIVERSIDADE PAULISTA - UNIP
Rua Doutor Bacelar, 1.212
CEP 04026-002 - São Paulo - SP
Telefone: (11) 577-3184 Fax: (11) 275-1541
e-mail: mariaeugenia@unip.br
site: www.unip.br

UNIVERSIDADE POTIGUAR - UNP
Avenida Nascimento de Castro, 1.597
CEP 59054-180 - Natal - RN
Telefax: (84) 215-1366
e-mail: vicereitoria@unp.br
site: www.unp.br

UNIVERSIDADE PRESBITERIANA MACKENZIE - MACKENZIE
Rua da Consolação, 896
CEP 01302-907 - São Paulo - SP
Telefone: (11) 3236-8391 Fax: (11) 3259-6405
e-mail: secgeral.upm@mackenzie.com.br
site: www.mackenzie.br

UNIVERSIDADE PRESIDENTE ANTÔNIO CARLOS - UNIPAC
Rua Monsenhor José Augusto, 203
CEP 36205-018 - Barbacena - MG
Telefax: (32) 3693-8800
e-mail: falecom@unipac.br
site: www.unipac.br

UNIVERSIDADE REGIONAL DO NOROESTE DO ESTADO DO RIO GRANDE DO SUL - UNIJUI
Rua São Francisco, 501
CEP 98700-000 - Ijuí - RS
Telefone: (55) 3332-0200 R.: 301 Fax: (55) 3332-9100
e-mail: eronitab@unijui.tche.br
site: www.unijui.tche.br

UNIVERSIDADE SALGADO DE OLIVEIRA - UNIVERSO
Rua Lambari, 10 - Térreo
CEP 24456-570 - São Gonçalo - RJ
Telefone: (21) 3712-4384 Fax: (21) 3712-9575
e-mail: secretaria@sg.universo.br
site: www.universo.br

UNIVERSIDADE SANTA CECÍLIA - UNISANTA
Rua Oswaldo Cruz, 266
CEP 11045-907 - Santos - SP
Telefone: (13) 3202-7100 Fax: (13) 3234-5297
e-mail: zuleika@unisanta.br
site: www.unisanta.br

UNIVERSIDADE SÃO JUDAS TADEU - USJT
Rua Taquari, 546
CEP 03166-000 - São Paulo - SP
Telefone: (11) 6099-1933 Fax: (11) 291-6932
e-mail: daa@usjt.br
site: www.usjt.br

UNIVERSIDADE SÃO MARCOS - USM
Rua Clóvis Bueno de Azevedo, 185
CEP 04266-040 - São Paulo - SP
Telefax: (11) 6846-5300
e-mail: info@smarcos.br
site: www.smarcos.br

UNIVERSIDADE TIRADENTES - UNIT
Avenida Murilo Dantas, 300
CEP 49032-490 - Aracaju - SE
Telefone: (79) 218-2100 Fax: (79) 218-2200
e-mail: reitoria@unit.br
site: www.unit.br

UNIVERSIDADE TUIUTI DO PARANÁ - UTP
Rua Sydnei Antonio Rangel Santos, 238
CEP 82010-330 - Curitiba - PR
Telefone: (41) 331-7700 Fax: (41) 336-9357
e-mail: gabinete@utp.br
site: http://www.utp.br

UNIVERSIDADE VALE DO RIO DOCE - UNIVALE
Rua Moreira Sales, 850 - Campus
CEP 35030-390 - Governador Valadares - MG
Telefone: (33) 3279-5004 Fax: (33) 3279-5002
e-mail: reitoria@univale.br
site: www.univale.br

UNIVERSIDADE VEIGA DE ALMEIDA - UVA
Rua Ibituruna, 108
CEP 20271-901 - Rio de Janeiro - RJ
Telefone: (21) 2574-8800 Fax: (21) 2568-2165
e-mail: postmaster@uva.br
site: www.uva.br

Este livro foi composto na tipologia Rotis Semi Sans-Light, em corpo 11/15, e impresso em papel off-set 90g/m², no Sistema Digital Instant Duplex da Divisão Gráfica da Distribuidora Record.